AI와 미디어 아트의 진화

AI문고

인공지능 시대입니다. 기계가 인간의 인지를 대신하고, 사물이 인간을 통하지 않고 다른 사물과 직접 커뮤니케이션합니다. 이에 따른 인간 삶과 문명 변화를 정확히 이해·예측·대응하는 것은 이 시대 우리 모두의 과제입니다. AI문고는 인공지능 기술과 환경의 여러 주제를 10가지 키워드로 정리합니다. 관련 개념과 이론, 학계와 산업계의 쟁점, 우리 일상의 변화를 다룹니다. 인간과 기술의 현재, 미래를 세심히 분석합니다.

일러두기

- 인명, 작품명, 저서명, 개념어 등은 한글과 함께 괄호 안에 해당 국가의 원어를 병기했습니다.
- 외래어 표기는 현행 어문규정의 외래어표기법을 따랐습니다. 다만 '딥러닝', '딥마인드', '딥페이크' 등은 관행을 따랐습니다.

처음이세요?

전문가세요?

AI와 미디어 아트의 진화

최소영

대한민국, 서울, 커뮤니케이션북스, 2024

AI와 미디어 아트의 진화

지은이 최소영
펴낸이 박영률

초판 1쇄 펴낸날 2024년 12월 31일

커뮤니케이션북스(주)
출판 등록 2007년 8월 17일 제313-2007-000166호
02880 서울시 성북구 성북로 5-11
전화(02) 7474 001, 팩스(02) 736 5047
commbooks@commbooks.com
www.commbooks.com

ISBN 979-11-7307-332-8 03500

책값은 뒤표지에 표시되어 있습니다.

차례

예술과 기술의 하이브리드: 미디어 아트와 인공지능 예술

인공지능과 예술의 만남

인공지능 기술의 발전 속도가 눈부시다. 인공지능이 모든 사람 앞에 그 강렬한 모습을 드러낸 최근의 이벤트로는 2016년 알파고와 이세돌의 바둑 경기를 들 수 있다. 이미 1997년에 인공지능 딥블루가 인간 체스 챔피언 카스파로프(Garry Kasparov)를 이긴 기록이 있었다. 하지만 많은 사람들이, 알파고의 경기가 진행 중일 때조차 바둑은 인공지능에 점령되지 않을 것이라 믿고 있었다. 그러나 결과는 예상을 깼고 세계를 놀라게 했다. 많은 이들이 인공지능 기술이 바둑에서는 인간을 앞서지 못할 것이라 믿었던 것은 바둑이 단순한 계산이 아닌 직관의 영역이라고 보았기 때문이다. 즉 기계가 아닌 인간만의 고유한 영역이라 보았던 것이다. 알파고 이벤트는 마치 이제 인공지능의 시대가 열렸음을 보여 주는 선포식과도 같았다.

이후 인공지능 기술 발전 속도는 엄청나다. 2022년 11

월 오픈AI에서 발표한 챗GPT는 또 한 번의 기술적 도약을 보여 주고 있다. 왜냐하면 그 기술은 언어, 즉 인간의 사유와 사회적 소통의 가장 중요한 토대이자 기반인 언어적 데이터를 학습 자료로 사용하기 때문이다. 따라서 챗GPT의 등장 역시 인공지능 기술의 새로운 전환점으로 볼 수 있다. 더불어 대중적 관점에서 가장 많은 성취를 이룬 분야 중에서는 이미지 생성 영역을 뺄 수 없다. 여기에는 생성 모델, 특히 GAN(생성적 적대 신경망, Generative Adversarial Networks) 및 기타 딥러닝 아키텍처를 활용하여 이미지를 생성하거나 수정하는 여러 AI 프레임워크 및 프로그램이 있다. 예를 들어 '딥아트(DeepArt)'는 신경망을 사용하여 사진에 예술적 스타일을 적용함으로써 시각적으로 새로운 작품을 만드는 온라인 플랫폼이며, 오픈AI에서 개발한 '달리(DALL-E)'는 텍스트 설명으로 이미지를 생성하는 모델로 GAN 아키텍처를 사용하여 새롭고 다양한 이미지를 만든다. 또한 'GAN 페인트 스튜디오(GAN Paint Studio)'는 사용자가 이미지를 다양한 시각적 특징으로 '페인팅'하여 수정할 수 있는 대화형 도구이며, 엔비디아가 개발한 '스타일(Style) GAN'과 그 후속인 '스타일(Style) GAN2'는 고품질의 사실적 이미지를 생성하는 데 널리 사용된다. 또한 '딥드림

(Deep Dream)'은 CNN(합성곱 신경망, Convolutional Neural Network)을 사용하여 이미지의 패턴을 찾고 향상하는 구글 개발 프로그램으로, 기존의 시각적 특징을 증폭하고 수정함으로써 초현실적이고 몽환적인 이미지를 만들어 낼 수 있다. 이제 인공지능 프로그램은 일러스트레이트나 짤막한 동영상, 음악 제작 등을 단 몇 초 만에 수행하고 있어 놀라움을 더한다.

물론 인공지능 기술이 적용되는 영역은 광범위하다. 그런데 기술의 발전 과정에서 특히 충격과 경탄을 안겨주는 분야는 오직 인간만이 할 수 있을 것이라 오랫동안 믿어 왔던 것들, 즉 체스나 바둑, 그리고 예술이다. 그것은 당연하다. 인공지능 기술은 "현재 시점에서 사람이 더 잘하는 일들을 컴퓨터가 하게 만드는 학문"(Kurzweil, 2005/2007: 363)이기 때문이다. 많은 인공지능 프로그램이 예술적 성취를 보여 주고자 하는 이유도 그것이다. 예술은 가장 인간적인 분야, 인간만이 가질 수 있는 재능이 필요한 영역이라고 여겨지기에 그에 대한 도전을 하는 것이다. 그 때문에 동시대 예술은 많은 논란과 찬반양론 속에서 인공지능 기술과 조우하고 있다. 2016년 공개된 '더 넥스트 렘브란트(The Next Rembrandt)'나 '피카조(Pikazo)', '프리즈마(Prisma)' 및 2017년에 공개된 '빈

센트(Vincent)' 등의 프로그램은 렘브란트나 고흐, 뭉크 등 특정 화가들의 스타일을 모방하는 결과물을 보여 주고 있다. 그러나 누구나 알 법한 유명 작가들의 스타일을 그대로 보여 준다는 점에서 예술로 인정받기는 부족하다는 평가를 받았다. 또한 '딥드림'이나 '드림스케이프(Dreamscape)'는 독특한 이미지를 제작하기는 했으나 동물의 얼굴과 같은 특정 패턴을 과잉 인식함으로써 보는 사람들에게 미적 경험을 제공하기는 힘들다고 볼 수 있다. 또한 달리나 소라(Sora)와 같은 최근의 프로그램은 인간이 이미 제작해 둔 많은 작품을 토대로 결과물을 만들어 내기 때문에 저작권 문제 등으로 갈등을 겪고 있다. 그리고 그처럼 많은 데이터를 처리해 약간의 변형을 거쳐 만들어진 결과물을 창의성을 지닌 예술로 볼 수 있는가라는 질문 역시 당연히 받고 있다.

전통적인 예술 개념을 기준으로 평가할 때 인공지능 프로그램의 산물은 작가의 개성이나 관점, 세계관을 담고 있지 않으며 데이터를 알고리듬에 따라 처리한 기계적 결과물이라는 점에서 예술이라는 평가를 내리기 어렵다. 그런데 문제는 그렇게 간단하지 않다. 예술 개념 자체가 워낙 복잡하고 가변적이며 다양하기 때문이기도 하고 이미 인공지능에 앞서 여러 기술 매체를 활용하는 시도가 예술로서의 가치를 인정받았기 때문이다. 발터 베냐민(Walter Benjamin)은 1936년에 발표한 논문 "기술복제 시대의 예술 작품(Das Kunstwerk im Zeitalter seiner technischen Reproduzierbarkeit)"에서 중요한 문제를 제기한다. "일찍이 사람들은 사진이 예술이냐는 물음에 많은 통찰력을 쓸데없이 쏟아부었다. 그러나 그들은 정작 이에 선행되어야 할 물음, 즉 사진의 발명으로 인해 예술의 성격 전체가 바뀐 것이 아닐까 하는 물음은 제기하지 않았다"(Benjamin, 1972-89/2008: 62)라는 것이다. 사진이 처음 등장했을 때 사람들이 그에 대해 예술인가 아닌가 질문했던 것은 그림이나 판화와 너무도 유사해 보이는 사진이 버튼만 누르면 이미지가 생성되는 기계 장치의 산물이라는 점 때문이었다. 즉 사진 생성에는 어떤 인간 예술가의 터치도 들어가지 않는다는 것이다. 그러나 오늘날 사진은 더 이상 그러한 질문을 받지 않는다. 사진은 베냐민의 주장대로, 당대의 기준으로 보았을 때는 예술이 아닐지 모르지만 예술의 기준 자체를 바꾸었다. 이제 모든 사진이 예술은 아니지만 일부 사진은 예술로 인정을 받고 있으며, 우리는 같은 장소를 촬영한다 해도 그 결과물이 사람에 따라 미묘하게 달라진다는 것을 안다. 즉 사진도 촬영하는 사람의 개성과 스타일을 표출할 수 있음을 안다. 더 중요한 것은 사진은 전통적 예술과는 전혀 다른 성격의 이미지라는 점이다. 사진이 장치의 산물이며 복제가 가능하다고 해서 무가치한 것이 아닐 뿐 아니라 기존의 예술이 하지 못했던 여러 기능을 수행할 수 있음을 안다. 그렇다면 이러한 관점을 오늘날의 획기적 이미지 제작 기술인 인공지능에도 적용할 수 있지 않을까. 각종 기술과 장비를 활용하는 예술은 통상적으로 미디어 아트라 불린다. 따라서 이 책에서는 인공지능을 새로운 기술 매체로 보고, 인공지능과 예술의 만남으로 가능해진 새로운 예술적 시도가 기존의 미디어 아트와 어떤 공통점 및 차이점을 갖고 있는지 알아볼 것이다.

미디어 아트 전사: 뒤샹, 케이지, 그리고 백남준

미디어 아트는 말 그대로 기술 매체의 등장으로 가능해진 예술이다. 그러나 미디어 아트의 특징들이 단지 기술에서만 비롯된 것은 아니다. 미디어에 기반을 둔 예술 역시 기존의 예술 지형과 무관하지 않게 탄생했고 성장했기 때문이다. 크리스티안 폴은 미디어 아트가 예술사적 공백 속에서 발전한 것이 아님을 강조한다(Paul, 2003/2007: 13). 특히 미디어 아트와 깊은 관련을 갖고 있는 것은 바로 아방가르드 예술이다. 이론가에 따라 아방가르드적 예술이 어떤 사조들인지, 또한 모더니즘 예술과의 관계는 어떠한지에 대한 해석이 조금씩 다르지만 아방가르드 예술이 개혁적이고 새로우며 전위적인 시도라는 점에는 동의한다. 아방가르드라는 말 자체가 척후병, 혹은 전위부대를 의미하는 프랑스어이기도 하다. 따라서 기존의 예술을 전복시키고 파격적인 시도를 하는 아방가르드 예술의 사례에서 미디어 아트의 전사(前史)라 할 만한 것들을 찾을 수 있다.

아방가르드 예술과 미디어 아트의 관계에서 살펴봐야 할 주요 작가로는 마르셀 뒤샹(Marcel Duchamp, 1887~1968), 존 케이지(John Cage, 1912~1992), 그리고 백남준(1932~2006)을 비롯한 플럭서스(Fluxus) 예술가들을 들 수 있다. 먼저 뒤샹은 미술의 기존 개념 자체를 거부하며 이를 전복시키고자 했던 다다이스트였다. 뒤샹은 분석적 큐비즘에 관심을 가지며 작가로서의 경력을 시작했는데 동시에 프랑스의 사진 연구가였던 에티엔 쥘 마레(Étienne-Jules Marey)의 크로노포토그래피의 특징도 작품에 반영하고자 했다. 그 결과 탄생한 작품 〈계단을 내려오는 누드 2(Nude Descending a Staircase, No. 2)〉(1911~1918)는 인체의 형태는 해체하면서 동시에 움직임을 구성해 보여 주었고 이로써 신체 움직임과 기계 미학의 결합을 시도했다. 그는 이 작품을 1912년 입체파 화가들이 주관하는 '살롱 데 쟁데팡당(Salon des Indépendants)' 전에 출품하고자 했으나 알베르 글레이즈(Albert Gleizes)와 장 메챙제(Jean Metzinger)와 같은 여타 입체파 화가들의 비판을 받았다. 그들은 '누드'라는 주제를 낡은 것으로 여겼고 최소한 제목을 수정하라는 요구를 했다. 그러나 뒤샹은 이를 거절하고 작품을 철수한다.

그는 이 사건을 계기로 전위적인 예술가들을 불신하게 되었으며 이는 레디메이드 작품인 〈샘(Fountain)〉을 발표하는 과정에서 표출된다. 뒤샹은 1917년 뉴욕의 미국독립미술가협회가 주최하는 '독립전'에 R. MUTT라고 서명이 된 남성용 소변기를 출품한다. '독립전'은 참가비만 내면 누구나 작품을 낼 수 있는 전시였지만 뒤샹의 작품은 전시를 거절당한다. "〈샘〉은… 본래의 자리에 있으면 매우 유용한 물건이겠지만 미술 전시회는 그 본래의 자리가 아니며 어떤 정의에 의해서도 그것은 예술 작품이라 할 수 없다"(Affron, 2018: 77)는 이유에서였다. 뒤샹은 이 사건을 통해, 예술가의 '독립'이 사실상 제한되어 있음을 보여 준다. 전시 조직위원회는 아무 조건도 내

걸지 않았다고 말하지만 '예술이란 무엇인가'에 대해 제한된 관념을 갖고 있었고 그에 맞지 않은 작품은 검열 대상이 되었기 때문이다. 뒤샹은 이것이 〈계단을 내려오는 누드 2〉가 거부당했던 것과 같은 맥락이라고 생각했다. 뒤샹은 이 사건에 대해 "머트 씨가 자신의 손으로 〈샘〉을 제작했는지는 중요하지 않다. 그는 그것을 선택했다. 그는 일상적인 사물을 택하여 새로운 명칭과 관점을 부여함으로써 그것이 원래 지니고 있는 실용적 가치를 상실하는 장소에 그것을 갖다 놓았다. 결국 그는 이 오브제에 대한 새로운 사유를 창조해 낸 것이다."(Duchamp, 1917: 5)라고 주장한다. 따라서 이 사건은 예술이란 무엇인가라는 좀 더 근본적인 질문을 제기하고 있으며 이는 레디메이드 작업에 대한 이론적 기반이기도 하다.

뒤샹은 예술계의 모든 것이 '작품'을 중심으로 이루어지는 상황, 또한 예술 작품이란 '감상을 위한 특별한 오브제'라는 개념, 나아가 '예술을 위한 예술' 개념 자체에 대해 반발했다. "나는 기술과 가시성만 중시하는 회화에서 벗어나고 싶었다. 내 주변의 회화 작품들은 모두 한결같이 가시성만을 중시하는 작품들이었다."(Tomkins, 1965/2000: 28) 뒤샹은 이러한 상황이 예술을 스스로 좁은 틀에 가둔다고 보았다. 따라서 뒤샹이 지칭한 '망막적 예술'이란, 예술과 사회가 지닌 밀접한 관련성을 제거함으로써 원래 예술과 하나로 묶여 있었던 종교적, 철학적, 도덕적 내용을 배제하게 되었고 이로써 예술적 소통의 실패에 이르게 되었다고 보는 비판적 표현이다. 이러한 급진적인 사유는, 너무도 당연한 것으로 여겨져 질문조차 제기되지 않았던 예술 형식 자체에 대한 탐색의 길을 열었다. 뒤샹은 1920년대 이후 작품 활동을 거의 하지 않고 칩거하다시피 했지만 추상표현주의에 반발하는 1950년대와 1960년대의 많은 작가들은 뒤샹에게 직간접적인 영향을 받았다.

이후 뒤샹은 1955년 미국 국적을 취득하며 영구 정착하게 된다. 당시 미국에서는 팝 아트의 등장과 더불어 존 케이지, 로버트 라우션버그(Robert Rauschenberg, 1925~2008), 머스 커닝햄(Merce Cunningham, 1919~2009), 데이비드 튜더(David Tudor, 1926~1996) 등이 주도한 멀티미디어 실험이 전개되고 있었다. 케이지는 실험 음악의 선구자 중 한 명으로 볼 수 있는데 서구의 고전적인 화성 구조보다 시간의 길이에 기초를 둔 새로운 음악의 구조를 탐색했으며 여기에 기술적 효과를 더하고자 했다. 또한 동서양의 철학을 공부하며 양자 사이에 공통점이 더 많다는 사실을 깨달았으며, 특히 서구에서 선불교를 알리는 활동을 했던 스즈키 다이세츠(鈴木大拙)의 강의에 열성적으로 참여했다.

그는 '우연'이라는 요소를 작품 제작 방법으로 사용하고자 했다. 따라서 피아노의 나무와 현을 두드리는 소리, 거리에서 들려오는 소음, 침묵 등을 결합한 작품을 선보였으며 이런 유형의 작품 중 대표작으로 〈4분 33초(4′ 33″)〉(1952)가 있다. 그는 예술가의 역할에 대해서도 뒤샹과 상통하는 지점을 보인다. 예술가가 자신의 고유한 소망과 욕망의 굴레에서 완전히 벗어나야 불가사의한 새로운 영역으로 들어갈 수 있다고 본 것이다. 그리고 이로써 다른 사람들도 그 속으로 들어갈 수 있도록 도와주게 된다. 이처럼 동양철학과 실험 음악을 독자적으로 종합한 존 케이지는 블랙마운틴 대학과 뉴욕 뉴스쿨 강의를 통해 젊은 예술가들에게 큰 영향을 미쳤다. 그는 뒤샹이 은둔하는 중에도 여전히 교류하고 있던 소수의 예술계 인사 중 한 명이었고 그를 통해 젊은 예술가들에게 뒤샹의 정신도 전해지고 있었다.

케이지와 그의 동료들은 플럭서스 멤버로도 활동했다. 플럭서스는 1960년대 번성한 복합매체(intermedia) 예술 운동으로 조지 머추너스(George Maciunas, 1931~1978)의 노력으로 결성되었다. 그는 당시 유럽에서 활동하던 여러 전위적 예술가에게 함께 활동할 의향을 묻는 편지를 보냈으나 유일하게 답장을 보내온 사람이 백남준이었다. 이후 둘은 의기투합하여 플럭서스를 결성한다. 플럭서스는 퍼포먼스, 영화, 비디오 등의 영역에서 여러 혁신을 꾀했으며 회화, 조각, 음악, 무용, 퍼포먼스 등 다양한 예술 장르의 교류를 추구하며 실험성 강하고 탈규범적인 활동을 선보였다. 특히 미술가와 수집가의 독점적 소유물이 되는 예술에 대한 반(反)예술을 표방했으며 일상과 예술의 연결을 추구했다. 그들의 퍼포먼스에는 예술의 형식적 특징이 최소한으로 담겨 있는데 이것은 퍼포먼스를 보는 사람이 보다 자유롭고 다양하게 의미를 해석할 수 있는 길을 열어 준다. 이제 작품은 정답이 없는 열린 구조를 갖게 되며 관객은 완성된 작품을 감상하는 수동적인 관찰자가 아니라 작품을 스스로 해석하고 때로는 그 과정에 참여하는 능동적 존재가 된다. 이로써 플럭서스 예술가들은 예술 작품을 완성하는 것은 작가가 아닌 관객이라는 뒤샹의 주장을 구현한다.

플럭서스의 주요 멤버였던 백남준은 볼프 포스텔(Wolf Vostell, 1932～1998) 등과 더불어 비디오 아트를 개척했다. 비디오 아트는 1950년대 말 서구의 일반 가정

집에 텔레비전이 보편화되던 상황과 관련이 있다. 텔레비전은 거대한 시스템을 가진 매스미디어지만 사람들은 자신의 방이나 거실에 놓인 텔레비전을 지극히 사적인 매체라고 여기게 된다. 또한 텔레비전은 본질적으로 일방향적 커뮤니케이션의 매체다. 따라서 백남준을 비롯한 몇몇 작가들은 이 일방향적 매체에 쌍방향적인 시도, 혹은 개인적 목소리를 부여하려는 시도를 진행한다. 백남준은 1963년 독일의 서부 도시 부퍼탈에 있는 파르나스 갤러리에서 그의 첫 전시인 '음악의 전시-전자 텔레비전'을 열었다. 이 전시에는 열세 대의 텔레비전과 각종 기계음을 내는 오브제들을 설치하고, 갓 베어낸 황소의 머리를 입구에 두어 정화의 의미로 방문객들이 반드시 지나치도록 했다. 이 전시는 텔레비전이 안방이나 거실이 아닌 갤러리에 등장하게 된 시초였다. 볼프 포스텔 역시 1963년 뉴욕의 스몰린 갤러리에서 '볼프 포스텔 & 텔레비전 데콜라주 & 데콜라주 포스터 & 음식의 데콜라주' 전시를 열었으며 서로 다른 프로그램이 상영되는 여섯 대의 텔레비전을 전시했다. 뒤샹이 그러했듯 백남준과 볼프 포스텔 역시 텔레비전을 가정이라는 편안하면서도, 방송의 상업적 광고와 메시지에 무저항적인 장소에서 분리하여 다른 맥락과 의미를 부여함으로써 이를 예술적 소재이자 매체로 재탄생하도록 한다. 그리고 이들의 시도에서 비디오 아트가 시작된다.

뒤샹, 존 케이지, 그리고 백남준을 비롯한 플럭서스 예술가들은 일상과 동떨어져 상아탑에 자리한 고급 예술에 대한 비판적 관점을 공통적으로 보여 준다. 그들은 일상 사물에 다른 의미를 부여해 일상과 예술의 지나친 이분화를 무너뜨리려고 했으며 이로써 예술의 의미를 확장한다. 또한 관객이 수동적이지 않고 좀 더 능동적이고 적극적으로 작품의 형성 과정에 참여하도록 하여 함께 완성해 나가는 계기를 만들고자 했다. 이후 미디어 아트는 매우 다양하고 복잡하게 발전, 분화해 갔지만 이러한 아방가르드 예술의 정신에 뿌리를 두고 있다.

미디어 아트와 인공지능 예술

오늘날의 인공지능 예술과 가장 직접적으로 연결되는 미디어 아트는 컴퓨터를 활용하는 디지털 아트일 것이다. 인공지능이 온전히 예술을 위해 의도되고 발전한 기술이 아니듯 컴퓨터 역시 군사 기술의 일환으로 개발되었다. 컴퓨터의 원형이라 할 장치는 2차 세계대전 중에 독일군의 자동 암호 제조기인 에니그마를 해독하기 위해 개발되었으며 종전 직후인 1946년, 최초의 전자식 컴퓨터인 에니악(ENIAC)이 제작된다. 이후 다양한 컴퓨터가 제작되었으나 아직 이들을 문화 예술적 장치로 보기는 어려웠다. 에니악은 탄도 궤도를 자동으로 계산하기 위해 제작되었다. 또한 인터페이스 장치가 없다시피 했고 사용법도 어려울 뿐 아니라 1980년대에 개인용 컴퓨터(PC)가 나오기까지는 일반인들이 이를 접할 기회도 드물었다.

그러나 컴퓨터 발전 과정에서 이반 서덜랜드(Ivan Sutherland, 1938～), 더글러스 엥겔바트(Douglas Engelbart, 1925～2013), 니콜라스 네그로폰테(Nicholas Negroponte, 1943～), 앨런 케이(Alan Kay, 1940～), 테드 넬슨(Theodor Nelson, 1937～), J.C.R. 리클라이더(J. C. R. Licklider, 1915～1990) 등의 선구자들은 컴퓨터를 이용해 예술 작업을 할 수 있는 가능성을 꾸준히 타진했다. 서덜랜드는 스케치 패드를, 엥겔바트는 마우스 등의 인터페이스 장치를 개발했으며 앨런 케이는 그래픽 사용자 인터페이스(GUI, Graphic User Interface) 기반의 소프트웨어가 탑재된 PC의 원형을 제시했다. 제록스 연구소의 일원이었던 앨런 케이의 아이디어는 애플사가 출시한 매킨토시 첫 컴퓨터에 탑재되며 구현된다. 또한 테드 넬슨은 하이퍼텍스트 개념을 처음 구상한다.

컴퓨터를 이용한 최초의 시각적 이미지를 제작한 이들 역시 예술가가 아니었다. 벨 연구소 연구원 마이클 놀(Michael Noll, 1939~)과 지멘스사 프로그래머였던 게오르크 니스(Georg Nees, 1926~2016), 수학자이자 과학자였던 프리더 나케(Frieder Nake, 1938~)는 컴퓨터를 활용하여 이미지를 생성하려는 시도를 했다. 놀은 1963년에 '컴퓨터가 그린 그림들'이라는 전시를 뉴욕에서 개최했다. 흥미로운 것은 당시에도 컴퓨터를 이용한 창작 시도에 대해 예술이 자동화하는 것과 예술가의 역할 및 위상이 축소될 것을 염려하는 목소리가 있었으며 이는 오늘날 인공지능 예술에 대한 논평과 비슷하다는 점이다. 당시 하워드 와이즈 갤러리에서 열린 놀의 전시에 대해, ≪뉴욕타임스≫의 미술 평론가 스튜어트 프레스턴은 "미래가 어떻게 되든 예술가의 실제 터치는 더 이상 예술 작품을 만드는 데 어떤 역할도 하지 않을 것"(Betancourt, 2021: 2-3)이라 우려한다. 이는 '더 넥스트 렘브란트'와 같은 프로그램이 미학적 이데올로기에 도전함으로써 친숙한 미적 기준과 예술적 과정을 대체하고 그 중요성을 폄하할 것이라 말하는 이들의 목소리와 겹친다.

하지만 이런 우려를 불식하기라도 하듯 전위적인 예

술가들은 일찌감치 컴퓨터를 이용한 창작 시도를 다양하게 전개했다. 컴퓨터 아트의 개척자로 불리는 베라 몰나르(Vera Molnár, 1924~2023)는 1968년에 초기 프로그래밍 언어인 '포트란(Fortran)'을 독학해 기계에 무한한 알고리듬 변형을 입력할 수 있었다. 포트란은 1958년 미국 IBM사에서 발표한 프로그램 언어로 컴퓨터를 이용한 작업을 했던 초기 작가들이 사용하곤 했다. 몰나르는 포트란을 이용해 직접 제작한 알고리듬 프로그램으로 추상적이며 미니멀리즘적인 컴퓨터 이미지를 생성했는데 이는 미리 정해진 수학적 원칙들로 통제된 구성 방식으로 만들어졌다. '가상 기계'라 불린 이 프로그램은 명령과 자체적 제한 안에서 가능한 모든 순열을 제공하여 비슷한 듯 조금씩 다른 이미지 변화를 보여 주고 있다. 독일 출신의 디지털 아트 선구자인 만프레트 모어(Manfred Mohr, 1938~) 역시 육면체를 다양하게 변형한 이미지들을 만들었다. 그는 1970년대 중반부터 육면체와 그 고차원 유사체인 하이퍼 큐브에 잠재된 형식들의 변형을 중심으로 작업했다. 〈큐빅 리미트(Cubic Limit)〉(1973~1974)에서는 검은 바탕에 흰색 큐브가 섬세하게 분해되고 재구성되는데 이는 컴퓨터에 창의성을 부여한 작업이다. 이처럼 컴퓨터를 활용한 예술의 초창기에는 기술진이나 장치에 대한 이해도와 호기심이 많은 전위적 인 작가들이 참여하고 있었다. 그러나 이후 디지털 컴퓨터 기술은 매우 빠르게 발전했고 예술 역시 다양성을 보여 줄 수 있게 되었다.

인공지능 기술과 예술의 관계도 그 시작은 이와 비슷하다. 물론 인공지능을 활용한 예술적 시도는 1970년대부터 있었다. 추상표현주의 경향의 작가였던 해럴드 코언(Harold Cohen, 1928~2016)은 인공지능 에런(AARON)을 수십 년간 훈련해 스스로의 선택과 판단으로 드로잉과 채색을 할 수 있도록 하였다. 그러나 코언과 같은 예외적 경우를 제외한다면 인공지능의 예술적 시도가 눈부신 성과를 보였던 해로는 한참 후인 2016년을 주목할 수 있다. 알파고의 바둑 대전이 있기도 했던 그해에 '더 넥스트 렘브란트', '피카조', '프리즈마', 그리고 음악을 작곡하는 인공지능인 '플로머신즈(FlowMachines)'와 '마젠타(Magenta)'가 공개되었다. 알파고의 활약에 충격을 받은 영화 감독 오스카 샤프(Oscar Sharp)가 시나리오를 쓸 수 있는 인공지능 '벤저민(Benjamin)'을 개발한 것도 같은 해다. 그는 벤저민과의 협업으로 제작한 단편 영화 〈선스프링(Sunspring)〉으로 2016년 런던 SF 영화제(Sci-Fi-London) 경쟁 부문 톱10에 오르기도 했다. 그런데 이 프로그램들은 기술적 차원에서 개발된 것이다. 즉 초기 컴퓨터 아트를 제작했던 엔지니어나 프로그래머들처럼 구글이나 IBM, 마이크로소프트(MS)의 연구진이 개발한 산물이다. 컴퓨터를 활용한 예술적 시도를 했던 초창기 시절, 프로그래머나 엔지니어들이 그런 작업을 했다면 이들은 이후 그들보다 훨씬 풍요롭고 다양한 작품을 선보이는 예술가들에게 자리를 내주게 되었다. 마찬가지로 현재는 인공지능 기술을 다양하게 활용해 자신의 예술적 동반자나 도구로 사용하는 많은 예술가들이 있으며 그들의 작업은 위에 언급한 프로그램들 자체의 결과물보다 훨씬 다양하고 개성 있는 결과를 보여주고 있다. 물론 아직 인공지능 기술은 발전 단계에 있기 때문에 여전히 많은 기술진이 창작의 시도를 하고 있다. 다시 말해 인공지능 예술은 새로운 미디어 아트의 영역으로 구축될 가능성을 보여 주는 단계이며 앞으로 더 다양한 예술적 성과를 이룰 수 있는 미디어 아트의 진화적 산물로 볼 수 있을 것이다.

인공지능의 산물을 예술로 볼 수 있는가라는 질문은 생각보다 복잡한 맥락을 갖고 있다. 그것은 인공지능이 '자동성'을 중요한 특징으로 하는 블랙박스 타입의 기술이기 때문이다. 그러나 이 글은 사진과 영화에 대한 베냐민의 관점이 그러했듯 인공지능의 등장이 예술의 성격을 바꿀 수 있을 것이며 이로써 예술은 더 확장되고 풍부해질 것이라는 관점에서 작성되었다. 또 미디어 아트는 아방가르드 예술을 전사(前史)로 갖는다는 전제하에 아방가르드 예술이 보여 주었던 특징이 인공지능 예술을 포함한 미디어 아트에서 어떻게 계승, 변형, 발전하고 있는지 알아볼 것이다. 구체적으로는 디지털 아트와 인공지능 예술이 갖고 있는 공통점 다섯 가지와 차이점 다섯 가지를 키워드로 하여 여러 예술가와 작품을 통해 그 이유를 서술해 보고자 한다.

참고문헌

진휘연(2002). 『아방가르드란 무엇인가』. 민음사.

최소영(2024). 챗GPT 시대 인공지능 기술의 의미 연구. ≪횡단인문학≫, 16호.

최소영(2022). 포스트 디지털 시대의 인공지능 예술 연구. ≪미학예술학연구≫, 67호.

Affron, M., et al.(2018). *The Essential Duchamp*, The Philadelphia Museum of Art. 국립현대미술관 전시도록 『마르셀 뒤샹』(2018). 국립현대미술관.

Benjamin, W.(1972-89). Das Kunstwerk im Zeitalter seiner technischen Reproduzierbarkeit. In *Gesammelte Schriften, Bd. I ~VII*, Frankfurt a. M. 최성만 옮김(2008). 『기술복제시대의 예술작품』. 길.

Betancourt, M.(2021). A Note on AI and the Ideology of Creativity. *Academia Letters*.

Duchamp, M.(1917). *The Blind Man, No. 2*, https://monoskop.org/images/6/6f/The_Blind_Man_2_May_1917.pdf.

Kurzweil, R.(2005). *The Singularity is Near*, The Viking Press. 김명남·장시형 옮김(2007). 『특이점이 온다』. 김영사.

Manovich, L.(2013). *Software Takes Command*, Bloomsbury Publishing Inc. 이재현 옮김(2014). 『소프트웨어가 명령한다』. 커뮤니케이션북스.

Paul, C(2003). *Digital Art*, Thames and Hudson Ltd. 조충연 옮김(2007). 『디지털 아트-예술 창작의 새로운 가능성』. 시공아트.

Tomkins, C.(1965). *The Bride and the Bachelors: Five Masters of the Avant-garde*. Penguin Group USA. 송숙자 옮김(2000). 『아방가르드 예술의 다섯 대가들』. 현대미학사.

01
명령-알고리듬

아방가르드 예술의 '명령'은 완성된 작품이 아닌 작품을 만들 수 있는 구조를 드러낸다. 이런 특징은 미디어 아트의 '알고리듬'으로 이어지고 인공지능 예술에서도 확장적으로 표현된다. 즉 창작 과정 자체가 작품의 주제다.

AI와 1인 창업?

완성된 작품에서 지시문으로의 이행

스위스 취리히에서 시작된 다다이즘은 반(反)예술, 반(反)전통을 주장했던 만큼 파격적이고 새로운 시도가 많았다. 다다이즘을 어느 정도 계승하고 있는 초현실주의 역시 마찬가지였다. 그들의 시도 중 작품이 아니라 작품을 가능케 하는 구조를 설계하는 경우가 있다. 예술가들은 단어와 행의 임의적 다양함을 통한 시의 구조 자체를 미학화한다. 트리스탕 차라(Tristan Tzara, 1896~1963)의 〈다다이스트 시를 만드는 방법(How to make a Dadaist Poem)〉은 '신문 기사의 문장들을 가위로 잘라 주머니에 넣은 후 흔든다. 이후 문장 조각들을 하나씩 꺼내 나열하면 한 편의 시가 완성된다' 등의 지시문으로 이루어져 있다. 이제 새로운 시를 만드는 것은 작가의 창조력이나 영감이 아니라 차라의 명령, 즉 지시문이다. 이에 따라 어떤 작품이 나오게 될지는 작가 본인도 알지 못한다.

이러한 시도는 음악에서도 나타난다. 존 케이지의 〈4분 33초〉가 좋은 사례다. 이 작품은 플럭서스적인 퍼포먼스 음악으로, 피아노 앞에 앉은 연주자는 악보 대신 지시문이 적힌 종이를 보게 된다. 연주자는 지시문에 따라 한 팔을 치켜든 채 멈추어 있게 되고 이 작품의 첫 공연 당시 관람객들은 아무 연주도 하지 않는 연주자에 당황해 웅성거렸다. 케이지는 모든 소리는 음(音)이 될 수 있고 침묵도 음이 될 수 있으며 세상에 완전한 침묵이란 존재하지 않는다고 생각했다. 따라서 그는 이 작품을 완성하는 것은 작품이 진행되는 동안 발생하는 모든 우연적인 소리라고 보았다. 그런데 똑같은 지시문으로 같은 퍼포먼스를 수행한다 해도 매번 발생하는 소리나 소음은 모두 다르며 작가는 그것을 통제할 수 없다.

이들 아방가르디스트들의 시도는 전통적인 예술 장르에 대해 사람들이 무심결에 갖게 되는 기본 요소라 할 만한 것들을 전복시키고 파괴하는 공통점을 보여 준다. 이런 작품들의 특징은 작가가 작품을 완성하는 것이 아니라 일종의 알고리듬을 제시하고 있다는 점이다. 이처럼 예술 창작에서 작동하는 규칙에 의한 명령은 컴퓨터 기능 및 소프트웨어의 기본 구성인 알고리듬과 명확한 연관점을 갖는다.

알고리듬에 기반한 디지털 아트

디지털 아트의 중요한 특징은 명령(instruction)이다. 미디어 아트, 특히 디지털 기술을 이용하는 작품은 기본적으로 알고리듬에 입각한다. 디지털 프로그램은 알고리듬에 의해 작동하기 때문이다. 이러한 특성을 보여 주는 작가로 초창기 알고리듬 예술 및 생성형 미디어 아티스트 만프레트 모어(Manfred Mohr)를 들 수 있다. 그는 1960년대 후반부터 작품 제작에 컴퓨터와 알고리듬을 사용했으며 이를 통해 기하학적 추상 이미지를 선보였다.

보다 최근의 작가로는 라파엘 로젠달(Rafael Rozendaal)이 있다. 그는 웹 페이지를 캔버스로 활용하는 방법으로 이름을 알렸으며 알고리듬을 이용한 상호작용적인 웹 기반 작품에 관객이 직접 참여하도록 했다. 인터넷 도메인을 구매해 그 도메인 자체를 작품으로 만들었기 때문에 웹사이트를 방문하는 관객은 작품과 단순한 상호작용을 하게 된다. 예를 들어 https://ifnoyes.com/를 클릭하면 추상적이며 화려한 화면이 열리는데 접속한 관객이 마우스를 클릭하거나 드래그함에 따라 화면 구성이 계속 달라진다. 그는 이런 사이트를 여러 개 제작하여 간단한 게임과도 같은 재미와 경험을 제공한다. 이는 단순해 보이는 작업이지만 끊임없이 새롭게 달라지는 화면들을 통해 상당히 복잡한 알고리듬을 사용하고 있음을 보여 준다.

로젠달은 BYOD(Bring Your Own Device) 방식으로

예산이 필요 없는 전시회 개최 방법을 개발하기도 했다. 이것은 프로젝션을 매체로 사용하는 예술의 새로운 전시 방식이라 할 수 있는데, 특정 장소와 시간을 정한 후 자신의 작품을 공개하고 싶은 작가들이라면 누구나 그 자리에 올 수 있도록 오픈한다. 단 자신의 작품을 표현할 수 있는 프로젝션 장비를 갖고 오면 된다. 최근에는 비트코인과 NFT 아트에 참여해 디지털 아트의 가치와 소유권을 분명히 하려는 시도도 한다.

알고리듬을 이용하는 또 다른 작가로 젬 파이너(Jeremy Max Finer)가 있다. 그는 1999년 〈롱 플레이어(Long Player)〉라는 음악 작품을 선보였는데 알고리듬에 의해 시간이 흐름에 따라 끊임없이 변주되는 작품이며 작품 발표 후 1000년간 연주되도록 설계되었다. 그 긴 시간 동안 완벽히 같은 멜로디는 반복되지 않으면서 지속적으로 변주되는 이 작품은 특정 멜로디나 구성이 아닌 음악과 시간의 관계를 생각하도록 한다. 젬 파이너의 이런 시도는 알고리듬을 활용하는 예술의 창의성을 보여 주는 좋은 사례라 할 수 있다.

호주 출신의 미디어 아티스트 소피 칸(Sophie Kahn)은 비디오, 애니메이션, 3D 작업 등을 하는데 특히 디지털 조각이 흥미롭다. 그녀는 인간의 얼굴과 신체를 3D

스캐너로 디지털화하는데 스캐닝 과정에서 발생하는 불완전함이나 왜곡을 그대로 유지하거나 의도적인 변형을 일으켜 작품에 반영한다. 그리고 이 과정에서 알고리듬은 데이터 처리와 변형을 자동화한다. 칸이 사용하는 레이저 스캐너는 원래 정적인 대상을 포착하도록 설계되어 있기 때문에 인간의 몸과 같은 대상을 포착하는 과정에서는 결함이 발생하게 되며 이런 불완전함과 결함이 칸의 작품을 초현실적으로 보이도록 한다.

또한 칸은 스캔 데이터를 조작해 인간의 기억과 정체성이 일시적이고 비영구적인 것임을 보여 주고자 한다. 그녀의 작품 〈고통의 기계(Machines for Suffering)〉는 히스테리 발작의 포즈를 연상케 하는 댄서들의 안무를 스캔 제작한 것으로 '큰 히스테리 아치'를 그리는 듯한 신체를 보여 주지만 또한 그 신체는 여러 조각으로 찢겨 있다. 다른 작품인 〈변형된 신체(transfigured)〉나 〈t.의 초상(Portrait of t.)〉은 장애를 갖고 있는 듯한 불완전한 몸을 보여 주는데, 이는 불완전함과 동시에 기술을 통해 변형된 포스트휴먼적인 신체이기도 하다. 여러 의미에서 그녀의 조각상은 전통적인 조각상과 매우 다르다. 그러나 이 작품들은 토르소 상태로 발굴된 고대의 조각들을 연상케 한다. 오랜 기간 매몰되어 있다 발굴된 작품들은 일부가 유실되거나 파괴되거나 파편화된 채 잔존하지만 그것이 불완전하다고 말할 수는 없다. 이처럼 기술을 매개로 전통과 현대를 연결하는 특성을 보여 주는 것 역시 칸의 매력이다.

인공지능 프로그램을 통한 인체 해석과 변형

그렇다면 인공지능 예술에서는 이러한 특징이 어떻게 나타나고 있을까. 스콧 이턴(Scott Eaton)은 소피 칸과 상통하는 지점을 보여 주는데 그것은 인체에 대한 탐구와 관심을 조각으로 표현한다는 점이다. 이턴은 전통적인 조각과 첨단 기술을 연결하는 작업으로 유명한 혁신적인 예술가이자 디자이너다. 매사추세츠 공과대학(MIT) 미디어 연구소에서 공부했으며 이탈리아 피렌체 미술학교에서 고전 조각가로 훈련을 받기도 했다.

이턴은 인공지능 알고리듬을 사용하여 인체 해부학의 복잡성을 탐구하고 재현한다. 그는 엄청난 양의 인간 형상 데이터 세트로 인공지능 모델을 훈련하여 인체의 새로운 해석과 변형을 생성한다. 그의 작품 〈움직이는 몸(Body in Motion)〉은 움직이는 운동 선수 및 댄서의 3D 모델을 포함한 수천 개의 고해상도 이미지를 데이터 세트로 하는데, 이는 역동적이면서도 해부학적으로 정확한 조각품을 만드는 데 사용된다. 생성형 AI를 이용한 인간 형상 표현인 〈대량실업에 대한 숙고 2(Contemplating Mass Unemployment II)〉와 같은 작품 역시 인공지능으로 해부학적 표현에 가져올 수 있는 정확성을 갖출 수 있음과 동시에 인공지능이 예술적 매체로도 사용될 수 있음을 보여 준다. 이처럼 이턴의 작업은 신체와 해부학, 움직임에 대한 연구에 뿌리를 두고 있으며 예술가로서 받았던 고전적 훈련과 인공지능 기술을 결합한다.

2023년 8월 뉴욕 타임스퀘어에서 처음 공개한 〈교차로(Intersections)〉는 데이터의 복잡성과 무작위성을 추상적인 시각 이미지로 구현하고 있다. 이 작품은 한 골목에서 촬영한 큐알(QR) 코드를 발전시킨 것으로 소스 이미지는 애니메이션과 머신 러닝을 이용해 무작위 프로세스 층을 통해 왜곡되고 리믹스된다. 작가는 이에 대해, 씨앗이 거기서 생산되는 식물에서 인지될 수 없듯이 오리지널 데이터는 진화하는 기하학의 계단식 풍경으로 변형된다고 말한다.

아방가르드 예술의 '명령'은 예술가의 창작 과정을 일종의 알고리듬으로 만들어 누구나 이를 수행할 수 있는 구조를 드러낸다는 점, 그리고 최종 결과물로서의 작품과 작가를 중심에 두는 예술계의 관행을 허물고 창작 과정 자체를 작품의 주제로 삼았다는 점 등이 특징이다. 그리고 '명령'은 물론 '알고리듬'의 경우에도 작가는 자신의 지시대로 수행된 작품이라도 그 결과물을 완전히 통제할 수 없다. 이것은 미디어 아트의 또 다른 근원인 기술의 본질적 특징이기도 하다. 기술이 발전할수록 사용자 인간은 편리해지지만, 동시에 그 작동 과정 자체를 인간이 제대로 인식하지 못하기 때문이다. 기술이 발전할수록 장치는 더욱더 블랙박스화된다. 이것은 기술과의 관계에서 인간이 소외될 수 있음을 보여 줄 뿐 아니라 장치를 이용하는 활동에서 인간의 역할이 달라져야 함을 시사하는 것이기도 하다. 인간이 자신이 만들어 낸 산물인 장치를 완전히 통제하지 못한다는 점은 인간과 기술의 관계가 새롭게 구성되어야 하는 상황임을 보여 준다.

참고문헌

VISLA Magazine(2016.3.18). 웹 사이트가 캔버스로 변하는 예술, 라파엘 로젠달의 미디어 아트. https://visla.kr/article/art/35762/

BYOB. https://www.byobworldwide.com/

Contemplating Mass Unemployment II. https://www.scott-eaton.com/2019/contemplating-mass-unemployment-ii

Jem Finer Longplayer Live.

https://www.youtube.com/watch?v=oJ_M7JbKgQs
Portrait of t. https://www.sophiekahn.net/public-art
Scott Eaton.
https://www.scott-eaton.com/art/intersections-times-square-nyc
Sophie Kahn https://www.sophiekahn.net/bio

02
관객과의 상호작용

관객이 없으면 작품 자체가 생성되거나 진행되지 않는다. 미디어 아트의 적극적 상호작용은 인공지능 기술과 만나며 더욱 다양해진다. 이제 관객의 움직임, 목소리, 생체 반응, 감정과 정서는 즉각 시청각적 이미지가 되어 작품을 이룬다.

AI와 MBTI?

디지털 아트의 즉각적 상호작용성

관객이 없는 예술은 없다. 관객이 감상함으로써 작품은 비로소 완성된다고 볼 수 있다. 그러나 전통적 예술이 관객의 역할을 일종의 암묵적 전제로 갖고 있었다면 미디어 아트는 보다 적극적이고 다양한 관객과 작품의 상호작용을 보여 준다. 아방가르드 예술에서도 이를 선취적으로 시도한 사례가 있는데 뒤샹은 〈회전유리접시(Rotary Glass Plates)〉(1920) 같은 작품에서 이런 특성을 보여 준다. 이 작품은 동력을 이용한 키네틱 아트로 다섯 개의 유리판이 금속 축을 중심으로 회전하는데 관객이 적절한 거리를 두고 이를 바라보면 3차원적인 착시 효과를 경험하게 된다. 관객이 작품을 바라보는 위치와 거리에 따라 다른 시각적 효과를 제공하기에 관객의 인식적 참여가 작품을 완성한다고 말할 수 있다.

이후 미디어 아트가 등장하며 다양한 방식의 상호작용 작품들이 제작되었는데 호주 출신의 미디어 아티스트이자 독일의 '예술과 미디어 기술센터(ZKM)'의 초대 관장을 지내기도 했던 제프리 쇼(Jeffrey Shaw)의 〈읽을 수 있는 도시(The legible city)〉가 유명하다. 스크린과 자전거 모양의 인터페이스를 갖춘 이 작품에서 스크린을 마주 본 관객은 자전거에 올라 맨해튼, 암스테르담,

카를스루에 등 세 도시 중 하나를 선택할 수 있다. 이후 선택된 도시의 풍경이 스크린에 뜨는데 그 모습은 텍스트로 이루어져 있다. 또 스크린 속 도시 풍경은 관객이 자전거 페달을 밟는 속도와 방향에 따라 달라진다. 스크린과 관객이 실시간 상호작용을 하는 것이다. 따라서 관객은 자신이 원하는 속도와 방향에 따라 마치 실제 도시를 관람하는 듯한 경험을 하게 된다. 쇼는 이후 작품을 확장하여 여러 곳에 스크린과 자전거 세트를 설치하였고 각 자전거를 이용하는 관객들이 같은 도시를 선택할 경우 스크린상에서 아바타 형식으로 만날 수 있도록 했다. 또한 스피커폰을 설치하여 서로 소통도 할 수 있도록 하였다. 따라서 관객과 작품 간의 상호작용을 넘어 관객 간의 소통도 가능하도록 한다. 2023년 홍콩 헤리티지 미술관에서 공개된 〈네이처 타임(Nature Time)〉 역시 〈읽을 수 있는 도시〉를 변형한 작품으로 세 대의 자전거에 탄 관람객이 세 개의 곡면 스크린에 비치는 베르사유 정원을 상호작용 방식으로 관람할 수 있다. 그밖에 최근 작품 중 2D 이미지에서 3D 깊이의 환영감을 부여하는 렌티큘러(Lenticular) 인쇄를 활용한 〈카스틸리오네 말과의 소통(Engaging with Castiglione's horse)〉(2022)은 동양풍 배경과 주세페 카스틸리오네(Giuseppe Castiglione)

작품 속 말들의 이미지를 결합해 만든 상호작용 작품이다. 관람객이 스크린 앞에 가까이 서면 그림 속 말들이 걸어와 관객의 손길에 다양한 동작으로 반응한다.

크리스타 조머러(Christa Sommerer)와 로랑 미뇨노(Laurent Mignonneau) 역시 많은 상호작용 작품을 제작했다. 〈A-볼브(A-Volve)〉(1994/1995)는 터치스크린과 물이 담긴 실제 유리 수조로 구성된 작품이다. 관객은 터치스크린에 생명체의 모습과 크기를 직접 그려 창조할 수 있으며 이렇게 디자인된 생명체는 수조에 이미지로 생성되어 나타난다. 그 생명체들은 수조에서 성장하고 살아가는데 물속에서 살기에 적합하게 디자인되었을수록 잘 살아갈 가능성이 높다. 또한 관객이 손을 뻗으면 이 생명체는 도망가기도 정지하기도 잡히기도 한다. 그리고 창조된 생명체들끼리 싸우고 죽이고 번식하기도 한다. 스크린상으로 탄생된 생명체가 실제 수조 속에서 관객과 그리고 생명체끼리 상호작용하며 진화하는 것이다.

〈리빙 룸(The living room)〉(2001)은 터치스크린으로 이루어진 방에 관람객이 들어오면 방이 살아 있는 것처럼 정교한 상호작용을 한다. 관람자의 소리, 음성, 동작은 카메라 및 사운드 추적 시스템에 포착되고 그렇게 수집된 위치 및 음성 데이터는 방의 벽에 투사되는 이미지와 사운드 형태로 해석되어 관람자에게 반응한다. 이 모든 요소는 인터넷에서 직접 파생되는 것으로 관람자의 위치, 행동, 음성 데이터가 계속 변하기 때문에 인터넷에서 스트리밍되는 이미지도 끊임없이 달라진다. 이 작품은 우리의 일상에서 이루어지는 감시나 탐지, 커뮤니케이션 등을 은유적으로 표현하고 있으며 관람자는 자신이 예측하지 못하는 이미지와 사운드로 가득 찬 역동적인 데이터 공간에 몰입하는 경험을 하게 된다. 작가들은 현재까지도 다양한 상호작용 작품을 제작하고 있는데 관람객이 특수 펜으로 종이에 그리는 그림이나 낙서가 가상의 생명체로 살아나는 〈행간(Between the lines)〉(2014) 이나 사람들이 성가셔하는 곤충 파리를 이용한 연작 〈파리의 초상(Portrait on the fly)〉(2015), 〈파리 위의 사람들(people on the fly)〉(2016), 〈하늘을 나는 파리(Flies in the sky)〉(2017) 등은 흥미롭다.

인공지능과 신경망을 통한 가상 공간 탐색

소피아 크레스포(Sofia Crespo)는 인공지능과 신경망을 사용하여 생물학적 데이터를 기반으로 작품을 만든다. 어릴 때부터 해파리와 같은 해양 생물 관찰을 좋아했던 그녀는 상상 가능하지만 존재하지 않는 생명체를 생성하는 작업을 수행한다. 작가는, 조머러와 미뇨노가 그러했듯 상상적 생명체를 관객과 함께 창조한다.

〈인공자연사(Artificial Natural History)〉 시리즈는 '존재한 적 없는' 자연사 책을 기반으로 하여 가능할 법하지만 존재하지는 않는 인공 생명체들을 생성한다. 이 작품에서는 마치 실제로 있을 법한 나비, 산호초, 갑각류, 그 외 다양한 해양 생물체를 보여 주지만 이들은 실재하지 않는다.

〈신경 동물원(Neural Zoo)〉 프로젝트 역시 인공지능을 활용해 다양한 동물의 이미지를 생성하는 작업이다. 작가는 신경망을 사용하여 실제 동물의 이미지와 상상 속의 동물 이미지를 결합하고, 이를 통해 관객에게 새로운 형태의 생태계를 제시한다. 또한 이 작품은 관객과의 상호작용 작품으로, 관객은 인공지능이 생성한 다양한 가상 동물 이미지를 탐색하고 이를 조작하거나 자신만의 독특한 생명체를 만들 수도 있다. 이처럼 크레스포의 작업은 자연계와 상상력이 결합되어, 실존하지 않지만 있을 법한 세계를 보여 준다. 만일 진화적 요소 중 아주 작은 무언가에 변화가 생겼다면 크레스포가 보여 주는 생명체가 실존하지 않았을까.

크레스포의 작업은 또한, 데이터의 시대를 사는 우리에게 새로운 것을 만든다는 것의 의미가 어떻게 달라질 수 있는지 제안한다. 작가는 한 인터뷰에서 이제 우리가 완전히 새로운 것을 발견할 가능성은 없다지만 사물을 새로운 방식으로 보는 것은 가능할 것이라 말한다. 인간의 뇌가 가지고 있는 모든 정보를 재계산하고 결합할 수 있는 것과 비슷한 방식으로 데이터 세트는 정보를 연결하는 방식을 갱신함으로써 새로운 것을 만들 수 있다는 것이다(CLOT, 2020).

정서, 감정, 신체 데이터를 작품으로

마리자 보지노브스카 존스(Marija Bozinovska Jones)는 런던을 기반으로 활동하는 인터디지털아티스트로 기술, 생명과학, 인공지능을 결합한 작품으로 알려져 있다. 대표적 프로젝트인 〈MBJ 웻웨어(MBJ Wetware)〉는 디지털 기술과 생물학적 요소를 결합한 작품이다. 이 프로젝트는 인간의 정체성과 기계적 요소 간의 관계를 탐구하며, 생체 데이터를 사용하여 작품을 생성한다. 관객은 자신의 생체 데이터를 제공하거나, 실시간으로 수집된 데이터를 통해 작품에 참여할 수 있으며 이를 통해 인간과 기계의 경계를 넘나드는 경험을 할 수 있다. 그의 또 다른 작품 〈총체적 컴퓨팅(Holistic Computing)〉은 인공지능과 데이터 시각화를 활용한 작품으로, 인간의 정서와 감정 데이터를 분석하여 이를 시청각적 이미지로 변환한다. 'Holistic Computing' 개념은 말 그대로 논리적이고 이성적인 컴퓨터 처리 과정이 아닌 감정, 직관, 생명 등의 비이성적 요소들을 포함하여 컴퓨터를 유기체적이고 전체 포괄적인 관점에서 접근하는 것이다. 관객은 이 작품에서 자신의 감정 상태를 입력하거나, 실시간으로 측정된 데이터를 통해 작품에 영향을 미칠 수 있으며 이를 통해 개인의 감정이 예술로 변환되는 과정을 경험할 수 있다.

작가는 인간과 기계, 디지털과 생물학적 요소 간의 경계를 모호하게 하며 이러한 경계를 넘나드는 경험을 통해 관객에게 새로운 시각을 제공한다. 특히 데이터를 통해 인간의 정체성을 탐구하는 데 생체 데이터, 감정 데이터 등을 활용하여 관객이 자신을 새로운 방식으로 이해하도록 돕는다. 이처럼 인공지능 기술을 통해 관객의 참여 유형과 폭은 훨씬 커진다.

참고문헌

AI Art Gallery.

https://www.aiartonline.com/highlights-2020/sofia-crespo-2/
CLOT(2020.4.16). SOFIA CRESPO interview with Lidia Ratoi, on artificial intelligence to weave new worlds. https://clotmag.com/interviews/sofia-crespo-reimagining-nature-through-the-existing
Engaging With Castiglione's Horses. https://www.jeffreyshawcompendium.com/portfolio/engaging-with-castigliones-horses/
Laurent Mignonneau & Christa Sommerer. https://www.interface.ufg.ac.at/christa-laurent/
Marija Bozinovska Jones. https://marijabozinovskajones.com/projects
Nature Time. https://vrc.hkbu.edu.hk/research_projects/nature-time/
Sofia Crespo. https://sofiacrespo.com/
The Living Room. https://www.interface.ufg.ac.at/christa-laurent/TheLivingRoom.html

03
몰입적 경험

가상 세계로의 자동적 몰입을 가능케 하는 기술은 빠르게 발전 중이다. 현실 세계와는 또 다른 상상적 세계의 창조가 가능할 것이며 관객은 오감의 다양한 차원에서 작품에 참여하는 경험을 하게 될 것이다.

AI와 난임 극복?

VR 기술을 통한 가상 세계로의 진입

미디어 아트가 기술을 활용하는 가장 획기적인 지점 중 하나는 간접적이고 비유적인 경험이 아닌 '실재'를 체험하도록 한다는 점이다. 프리드리히 키틀러(Friedrich Kittler)는 이에 대해 회화, 음악, 문학과 같은 예술에는 규약과 관습이 작용하지만 매체가 창출하는 것은 시뮬라시옹이라 말하기도 한다. 물론 예술적 경험 자체가 몰입을 특성으로 한다. 발터 베냐민은 전통적인 예술의 감상법은 관조와 몰입이라고 분석한다. 그는 중국의 전통화를 예로 들며 그림을 오래 들여다보면 그림 속으로 들어간다는 전설을 언급한다. 미디어 아트에서도 몰입적 작품이라고 소개되는 경우를 보면 전통적 이미지와 별반 다를 것이 없는 작품들이 있다. 즉 스크린이나 영상에 집중하다 보니 몰입이 된다는 것이다.

그러나 지금 말하고자 하는 몰입 경험은 말 그대로 주변의 실제 세계와 내 몸 자체가 보이지 않고 새로운 가상적 공간으로 에워싸이는 작품을 감상할 때 발생하는 것이다. 따라서 이러한 작품들은 가상현실(Virtual Reality) 기술을 사용하는 경우가 대부분이다. 가상현실 세계에 접속하려면 고글이나 헬멧과 같은 인터페이스 장치를 착장해야 하는데 그럴 때면 내 몸과 주변 세계는 사라지고 가상의 공간만이 나타난다. 따라서 관람객은 집중을 하지 않더라도 자동으로 몰입하게 된다.

미디어 아티스트인 샤 데이비스(Char Davies)는 VR 예술의 선구자로 〈오스모스(Osmose)〉(1995)에서 인터페이스 장치를 장착한 관객에게 몰입적 세계를 제공한다. 조끼와 고글을 착용한 관객은 열두 개의 가상 세계를 경험할 수 있다. 이 작품에서 흥미로운 점은 두 가지인데 첫째, 가상공간 속에서의 이동 방식이 관객의 몸을 매개로 한다는 것이다. 관객이 몸을 앞으로 기울이면 가상공간 속에서 앞으로 진출하고 몸을 뒤로 젖히면 반대로 진행한다. 숨을 들이쉬면 사물이 가까워지고 내쉬면 멀어진다.

두 번째는 가상공간과 현실의 관계다. 대부분의 미디어 기술과 마찬가지로 가상현실 역시 예술만을 위해 만들어진 것이 아니다. 주로 대중문화나 엔터테인먼트, 혹은 과학적, 의학적 목적을 위해 개발된 기술을 예술의 매체로 차용한 것이다. 따라서 예술가들의 시도는 그 기술이 주로 활용되는 영역에서와 다른 양상을 보이곤 한다. 오늘날 VR 영상은 현실과 최대한 비슷해지는 쪽으로 발전하고 있다. 더욱 실감 나는 경험을 제공하기 위해서다. 그러나 샤 데이비스는 현실에서 결코 경험할 수 없는 세계를 제공하는 것이 이 기술의 장점이라고 믿었다. 따라서 〈오스모스〉 속의 세계는 우주 공간이나 깊은 물속 같은 곳도 있지만 마치 컴퓨터 속으로 들어온 것 같은 상상적 공간 등을 다양하게 보여 준다.

다감각적 자극과 몰입형 스토리텔링

앞서 말했듯 미디어 아트에서 기술은 매우 중요하다. 특히 첨단 기술 분야에서는 테크니션과 예술가의 역할을 겸하는 주요 인물들이 있다. VR 기술에서는 스콧 피셔(Scott Fischer)가 그런 사례다. 그는 VR 기술의 초기 개발자로, 미 항공우주국(NASA)에서 '뷰(VIEW)' 프로젝트를 주도했다. 이 프로젝트는 가상현실을 활용한 인터랙티브 환경을 개발하는 데 중점을 두었다. 'VIEW(Virtual Environment Workstation Project)'는 VR 기술을 통해 사용자가 가상 환경에서 물체를 조작하고, 공간을 탐험할 수 있는 경험을 제공한다. 따라서 이 프로젝트는 VR 기술의 가능성을 탐구하고, 이를 예술과 과학에 적용한 초기 사례로 평가받는다. 이는 사용자가 3D 공간에서 상호작용할 수 있도록 설계되었는데 시각적 디스플레이와 센서 기술을 결합하여 사용자에게 몰입형 경험을 제공한다.

사용자는 헤드 마운티드 디스플레이(HMD)를 착용하고 데이터 글러브를 사용하여 가상 환경과 상호작용할 수 있었다. 피셔의 작업은 시각, 청각, 촉각 등 다양한 감각을 자극하는 기술을 통합하여 더욱 실감 나는 경험을 제공하고자 했다. 또 과학적 연구와 예술적 표현을 결합하여, 가상현실 기술이 인간의 인식과 경험을 어떻게 확장할 수 있는지 탐구하며 새로운 형태의 몰입형 예술을 창조했다. 이러한 스콧 피셔의 연구와 예술적 작업은 현대 VR 기술의 기초를 마련하는 데 큰 역할을 했으며 특히 인터랙티브 미디어와 몰입형 환경의 가능성을 넓히는 데 기여하였다.

가상현실을 활용한 초창기 예술가로 모턴 하일리그(Morton Heilig) 역시 뺄 수 없다. 그 역시 VR 기술의 선구자로 알려져 있으며, '센소라마(Sensorama)'는 그의 대표적 장치다. 1962년 개발된 '센소라마'는 몰입형 영화 체험을 제공하기 위해 설계되었으며 3D 영상, 입체 음향, 진동, 향기 등을 결합하여 관객에게 다양한 감각적 경험을 제공한다. 3D 영상이 포함된 스테레오스코픽 디스플레이 및 스테레오 사운드 시스템을 사용하여 생생한 시청각적 효과를 제공하며, 의자가 진동하여 물리적 감각을 느끼게 하거나 향기를 방출하는 장치를 통해 특정 상황에 맞는 냄새를 재현하기도 한다.

또한 그가 1960년에 개발한 최초의 HMD 중 하나인 '텔레스피어 마스크(Telesphere Mask)'는 사용자가 머리에 착용하는 디스플레이 장치로 스테레오스코픽 3D 이미지를 제공하여 시각적 몰입감을 높였다. 이는 초기 형태의 HMD로 현대 VR 헤드셋의 기초를 마련했다. '텔레스피어 마스크'는 개인적인 시각적 경험을 가능하게 하여, 이후 VR 기술의 발전에 큰 영향을 미쳤다. 이처럼 모턴 하일리그는 몰입형 경험과 인터랙티브 미디어의 개념을 제안하였으며, 이를 실현하기 위한 기술적 구현을 선도했다. 그의 연구는 현대 VR 및 AR(증강 현실) 기술의 기초를 마련하는 데 중요한 역할을 했다. 특히 그의 작업이 보여 주는 다감각적 자극과 몰입형 스토리텔링은 현대의 많은 VR, AR 연구자들에게 큰 영향을 주었으며 현재의 몰입형 미디어 기술 발전에 중요한 기여를 했다.

인공지능을 통한 미래 기술로의 도약

인공지능과 VR 기술의 결합은 아직 충분하지 않다. 인공지능이 기계 학습을 통해 인간이 수행할 여러 작업을 자동화하는 것을 목표로 한다면 VR은 사용자가 현실 세계와 유사한 경험을 할 수 있도록 만들어진 컴퓨터 생성 환경이기 때문이다. 그러나 향후 인공지능과 VR 기술이 직접 연결되면 두 영역 모두 획기적인 발전이 이루어질 것이다. 인공지능은 VR의 가상 캐릭터를 더욱 실감 나게 할 것이며 가상 환경에서의 상호작용을 더 자연스럽고 다양하게 만들 것이다. 또한 의료나 교육 분야의 응용도 우리 일상에 큰 변화를 가져올 것이다.

현재 이 두 기술을 함께 사용하는 예술가로는 소피 칸, 그리고 터키 출신의 미디어 아티스트 레픽 아나돌(Refik Anadol) 등을 들 수 있다. 아나돌은 방대한 데이터 세트를 인공지능 프로그램으로 분석하고 이를 시각적으로 표현하는 방식으로, 건물 외벽에 매핑하거나 VR 환경에서 몰입형 경험을 제공한다. 그의 대표작 중 하나인 〈멜팅 메모리스(Melting Memories)〉는 뇌파 데이터를 사용해 기억을 시각적으로 표현하는 방식을 탐색한다.

그런가 하면 퍼포먼스 작품으로 유명한 마리나 아브라모비치(Marina Abramović)는 2019년 혼합 현실(mixed reality) 작품인 〈생(The Life)〉을 선보였다. 관람객은 미술관 직원이 나누어 주는 HMD를 착용한 후 한 장소에 모인다. 그리고 그들 눈앞에 작가가 가상현실로 나타난다. 작가는 시공의 한계를 넘어 그곳에 현존하게 된다. 그의 신체는 비물질적이고 가상적인 차원을 갖고 있지만 관람객들은 생생히 현전하는 작가의 모습을 보며 웃거나 놀라며 다양한 정서적 반응을 보인다. 이러한 작품과 인공지능 기술이 결합하게 된다면 더 많은 사람들이 동시에 작품에 참여하고 복잡한 상호작용을 실시간으로 주고받는 상황이 가능할 것이다.

참고문헌

Benjamin, W.(1972-89). Das Kunstwerk im Zeitalter seiner technischen Reproduzierbarkeit. In *Gesammelte Schriften, Bd. I ~VII*, Frankfurt a. M. 최성만 옮김(2008). 『기술복제시대의 예술작품』. 길.

Kittler, F. (2002). *Optische Medien : Berliner Vorlesung 1999.* Marve Verlag. 윤원화 옮김(2011). 『광학적 미디어』. 현실문화.

04
통제된 임의성

무작위성과 우연성, 임의성은 작가도 예상하지 못한 새로운 창의성을 보여 줄 수 있다. 강력한 주체로서의 작가가 온전히 통제하지 못하는 다양한 요소들은 미디어 아트와 인공지능 예술의 주요 소재이자 특징이다.

AI와 사주?

임의성의 개입으로 완성되는 예술

통제된 임의성은 예술에서 무작위성을 활용하되 일정한 통제를 가미해 작품을 창조하는 방식에서 나타난다. 이는 다양한 예술 분야에서 나타나는데 임의성을 통해 예상치 못한 우연적 결과를 도출하고 그 과정에서 새로운 창의성을 발휘할 수 있도록 한다.

마르셀 뒤샹의 〈세 개의 표준 정지 장치(3 Standard Stoppages)〉는 1미터 높이에서 1미터 길이의 실을 세 번 떨어뜨린 후 떨어진 실 모양을 그대로 고정하여 만든 작품이다. 작가는 같은 길이의 실을 같은 높이에서 떨어뜨렸지만 그 궤적 자체는 무작위적일 수밖에 없다. 작가는 그 임의적 요소를 그대로 살려 작품을 완성했고 이를 통해 새로운 형태와 개념을 창출하고자 했다. 백남준은 이 아이디어를 설치 작품인 〈랜덤 액세스(Random Access)〉(1963)에 적용했다. 백남준은 50개 이상의 오디오 테이프를 벽에 붙인 다음, 관객들이 이를 떼어 스피커 두 대에 연결한 플레이 헤드를 이용해 직접 연주하도록 했다. 관람객이 어떤 테이프를 떼어 연주할지 작가도 알지 못한다. 그러나 관람객은 50여 개의 테이프 중 하나를 선택하게 된다.

이처럼 통제된 임의성은 혁신적이고 창의적인 창작 방

법 중 하나로 아방가르드 예술가들이 자주 사용하였다. 그런데 이는 디지털 매체가 갖고 있는 가장 일반적이고 기본적인 본질 중의 하나다. 디지털 기술이 정보를 처리하고 종합하는 방식의 기저에는 임의성이 있기 때문이다. 따라서 미디어 아티스트 그레이엄 웨인브렌(Grahame Weinbren)은 "디지털 혁명은 임의 접근의 혁명"(Paul, 2003/2007: 15)이라고 말한 바 있다. 이후 디지털 기술을 활용하는 예술가들은 통제된 임의성이라는 특징을 십분 발현할 수 있는 여러 작품을 제작했다.

무작위성의 패턴, 알고리듬적 우연성

일본의 음악가이자 미디어 아티스트인 사카모토 류이치(坂本 龍一)의 1997년 작 〈체스〉는 흥미로운 사례다. 그는 체스와 바둑을 둘 수 있는 전자판을 제작하여 돌을 두는 자리마다 전자 피아노의 특정 건반과 연동이 되도록 설치하였다. 두 사람이 전자판 위에서 체스나 바둑 게임을 하면 돌이 놓임에 따라 건반에서 음이 재생되고 시간이 흐르며 돌의 숫자가 늘어나면 그에 따라 매번 새로운 멜로디가 형성된다. 작품을 만든 작가는 물론 게임을 하는 사람들 역시 자신이 그다음에 어느 자리에 돌을 놓게 될지 모른다. 그것은 게임이 진행됨에 따라 결정되기 때문이다. 따라서 게임을 할 때마다 매번 다른 멜로디가 형성될 뿐 아니라 그 형성 과정은 매우 임의적이라 할 수 있다. 그러나 그 모든 멜로디의 가능성은 결국 작가가 세팅해 둔 전자판 내의 가능성 중의 하나이기에 통제된 임의성을 보여 준다.

랜덤 인터내셔널(Random International)의 설치 작품 〈레인 룸(Rain Room)〉은 잠깐이나마 신이 된 듯한 기분을 관객에게 제공한다. 관람장에는 계속 비가 쏟아지지만 관객이 걸어가는 동선을 따라 비가 멈추기 때문이다. 인간은 많은 것을 성취했지만 일기는 인간이 제어하지 못하는 가장 기본적인 자연 요소 중 하나다. 이처럼 비가 내리는 것을 제어하는 작품은 물리적 환경에서 무작위성을 통제하는 예술의 좋은 예라 할 수 있다.

또 라파엘 로자노헤머(Rafael Lozano-Hemmer)의 설치 작품인 〈펄스 룸(Pulse Room)〉은 관객의 심장 박동을 측정한 후 이를 전구가 깜빡이는 방식으로 시각화한다. 따라서 각각의 전구는 개별 관객의 심장 박동을 반영하며, 무작위로 발생하는 심장 박동 패턴을 통제된 방식으로 보여 준다.

케이시 리아스(Casey Reas)는 컴퓨터 알고리듬을 사용해 무작위로 생성되는 이미지를 만드는 작업을 한다.

그는 알고리듬의 규칙을 설정하고, 컴퓨터가 이를 바탕으로 무작위적인 패턴을 생성하도록 하며 이 과정을 통해 통제된 무작위성을 예술적으로 구현한다. 리아스의 작품 〈프로세스 시리즈(Process Series)〉는 프로세스와 규칙을 통해 예술 작품이 생성되도록 한다. 리아스는 코드가 단순한 도구가 아니라 예술적 표현의 핵심 요소임을 강조하고 있으며, 따라서 그의 미학은 통제된 임의성으로 정의된다.

GAN을 활용한 잠재적 창조성의 탐색

인공지능을 통한 이미지 생성에 획기적인 발전을 가져왔다고 평가받는 프로그램인 GAN은 바로 임의성을 통제하며 작동하는 메커니즘을 보여 준다. 이언 굿펠로(Ian Goodfellow)가 지난 2014년 개발한 GAN은 데이터 생성과 변환 분야에서 혁신적인 도구로 자리 잡았는데 생성자와 판별자라는 두 개의 신경망이 서로 경쟁하며 무작위성을 통제하는 독특한 학습 방식을 통해, 매우 현실적이고 다양한 데이터를 생성할 수 있다.

많은 예술가들이 GAN을 사용해 작업을 했는데 마리오 클링게만(Mario Klingemann)의 〈행인의 기억 I (Memories of Passersby I)〉은 GAN을 사용해 무작위로 생성된 초상화를 실시간으로 만들어 내는 설치 작품으로 잘 알려져 있다. 클링게만은 인공지능 알고리듬을 통해 무작위로 초상화를 생성하고, 이를 통제하여 일관성 있는 작품으로 완성한다. 그는 신경망을 이용해 이미지를 변형하고 왜곡하는데 이 과정에서 무작위성을 통제해 독특한 시각 효과를 창출한다.

애나 리들러(Anna Ridler) 역시 데이터 처리 기술을 사용하는 영국의 예술가다. 그녀의 프로젝트 〈모자이크 바이러스(Mosaic Virus)〉(2019)는 튤립의 이미지 데이터를 GAN으로 학습시켜 그 무늬, 색깔, 형태를 다양하게 생성하는 작업이다. 그런데 흥미롭게도, 끊임없이 변화하는 튤립의 모습은 비트코인 가격에 의해 제어된다. 우리는 17세기에 있었던 네덜란드의 '튤립 광풍'을 알고 있다. 당시 광풍의 정점에서 튤립 구근 한 덩이는 암스테르담의 집 한 채 값까지 올랐지만 거품이 꺼지며 양파 하나 가격으로 추락한다. 리들러의 작품에서 이 역사는 오늘날 암호화폐를 통한 투기와 연결된다.

로비 배럿(Robbie Barrat)은 고전 누드 회화나 풍경화를 GAN으로 재해석한 시리즈를 제작한다. 그는 또한 패션 디자인에서 GAN을 사용해 새로운 의상 디자인을 생성하는 작업도 수행했다. 배럿의 작품은 전통 예술과 현대 기술의 융합을 보여 주며, GAN의 창의적 잠재력을 탐구한다. 또 다른 영국의 예술가 제이크 엘위스(Jake Elwes)는 인공지능과 데이터의 관계를 탐색하는데 그의 프로젝트 〈지지-퀴어 데이터 세트(Zizi - Queering the Dataset)〉는 GAN을 사용해 다양한 성 정체성과 표현을 시각화한 작업이다. 이 작품은 얼굴 인식 프로그램이 자주 사용하는 데이터 세트의 다양성 부족을 해결하고자 한다. 따라서 작가는 온라인에서 찾은 젠더 유동적인 얼굴 이미지 1000개를 추가하여 재훈련한 후 이 작품을 제작했다. 이로써 신경망이 원래 훈련되었던 규범적인 정체성에서 벗어나게 된다.

이처럼 '통제된 임의성'은 강력한 주체로서의 작가 및 그 작가의 재능에 따른 결과물인 예술 작품을 최대한 지우면서 작품의 제작 과정 자체와 관객의 반응에 초점을 두고자 하는 아방가르드 예술적 시도에서 비롯되었다. 이것은 미디어 아트의 중요한 특성으로 자리 잡았고 이제 인공지능 기술의 등장으로 더욱 다양한 작품을 가능하게 하는 계기가 되고 있다. 그 이유는 인공지능 기술의 본질이 자동성을 극대화하고 있기 때문이다. 따라서 프로그래머들도 거기서 나오는 결과를 온전히 예측하거나 통제할 수 없다. 물론 프로그램은 특정 목적을 갖고 있지만 그 개별적인 결과물은 임의적이다. 따라서 아방가르드 예술가들이 시도했던 통제된 임의성은 인공지능 예술에서 가장 온전히 구현될 수 있는 특성이라고 말할 수 있다.

참고문헌

Anna Ridler. https://annaridler.com/mosaic-virus

Jake Elwes. https://www.jakeelwes.com/project-zizi-2019.html

Paul, C(2003). *Digital Art*. Thames and Hudson Ltd. 조충연 옮김(2007). 『디지털 아트-예술 창작의 새로운 가능성』. 시공아트.

postmediaart. Pulse Room by Rafael Lozano-Hemmer. https://www.youtube.com/watch?v=sbiqDufLCDY

Ryuichi Sakamoto - (chess) (Live '97). https://www.youtube.com/watch?v=detM789SPI0

The Gurdian. Barbican's Rain Room: it's raining, but you won't get wet. https://www.youtube.com/watch?v=EkvazIZx-F0

05
비물질성과 가상성

디지털 기술은 우리에게 비물질적이고 가상적인 세계 경험을 가능하게 한다. 이것은 우리의 정체성에도 영향을 미친다. 사이버 공간이 일상 속으로 깊숙이 자리 잡는 지금, 우리의 신체는 가상 세계로 확장되는 것일까, 낡은 물질의 차원으로 전락하는 것일까.

AI와 아이돌?

상징적 차원에서의 가상성 실험

디지털 이미지는 아날로그 사진이나 영화와 다르다. 사진이나 영화는 셀룰로이드 필름이나 감광판과 같은 물질적 기반을 갖고 있으며 거기에 기록된 이미지는 육안으로 확인이 가능하다. 하지만 디지털 이미지의 본질은 전자적 신호일 뿐이며 인간의 감각으로 이를 탐지하는 것은 불가능하다. 따라서 인터페이스 장치를 거쳐야만 그것이 이미지임이 드러나게 된다. 또한 디지털 이미지는 전유, 변형, 가공, 합성이 매우 쉽다. 아날로그 이미지처럼 물질적 토대를 갖고 있지 않기 때문이다. 이러한 새로운 유형의 이미지에 대해 윌리엄 미첼(William J. Mitchell)은 '포스트 포토그래피'적 이미지라 칭하고 있다.

그런데 디지털 기술이 등장하기 전에도 탈물질적이고 가상적인 대상에 대한 경험을 시도했던 예술가들이 있다. 라즐로 모호이너지(Laszlo Moholy-Nagy, 1895~1946)는 〈광선-공간-조절기(light-space-modulator)〉(1930)에서 움직이는 오브제를 통한 가상적 부피감을 보여 준다. 원반 모양의 오브제가 빠르게 회전하면 관람자에게 가상의 궤적에 의해 구의 형상이 보이도록 하는 방식이다. 그의 시도는 물리적 현실을 벗어나 새로운 형태와 경험을 탐구한다. 요제프 보이스(Joseph Beuys, 1921~1986)는 보다 상징적인 차원에서의 가상성을 탐구했다. 그의 퍼포먼스는 관객의 참여와 상호작용을 유도하며, 물리적 현실을 넘어서 새로운 의미를 창출한다. 그가 뉴욕의 한 갤러리에서 코요테와 함께 3일 동안 갇혀 있는 상태로 진행했던 퍼포먼스 〈나는 미국을 좋아하고 미국은 나를 좋아한다(I Like America and America Likes Me)〉(1974)는 코요테와의 공존을 통해 미국의 원주민 문화와 서구 문명의 관계를 은유적으로 표현했다. 이 작품에서 보이스는 물리적 공간을 가상적 의미로 전환하여 새로운 해석을 가능하게 했다. 그의 또 다른 작품 〈더 팩(The Pack)〉(1969)은 펠트로 덮인 썰매 24개로 이루어져 있다. 이는 인간의 생존과 구원에 대한 은유를 표현한 작품으로 펠트와 썰매는 보이스의 개인적 경험과 전쟁의 기억을 상징한다. 그는 2차 세계대전 당시 공군 조종사로 참전했는데 비행기가 크림반도에 불시착하여 부상을 입게 된다. 당시 그 지역 원주민이었던 타타르족이 썰매를 타고 와 부상당한 보이스를 구한 후 펠트 천과 두툼한 지방 덩어리로 체온을 유지하는 민간요법으로 그를 치료했다고 한다. 따라서 펠트 천과 지방 덩어리는 그에게 생명과 구원을 의미하는 소품들이라 할 수 있다. 이 작품을 통해 보이스는 관객에게 가상적 내러티브를 전달한다.

기술적 가상 세계의 등장과 탈신체성 담론

미디어 아티스트들은 보이스처럼 상징이 아닌 기술을 통해 구현된 가상 세계의 차원에서 비물질성과 가상성에 대한 실험을 계속한다. 브루스 나우먼(Bruce Nauman)은 비디오와 설치 미술을 사용하여 이 문제를 탐구한다. 그의 작품 〈라이브-비디오 복도(Live-taped video corridor)〉(1970)는 CCTV 원리를 사용하고 있다. 전시실 안의 길고 비좁은 복도 끝에 두 개의 모니터가 상하로 있고 복도 입구 위에는 관람객을 비추는 카메라가 있다. 관람객이 모니터에 다가가면 그중 위의 모니터에 그의 모습이 비치는데 등이 보이게 되며 아래 모니터에는 미리 녹화된 영상이 나타난다. 또 관람객이 모니터에 다가가면 갈수록 모니터 자체는 크고 자세히 보이지만 모니터 속의 내 모습은 멀어진다. 이 작품은 물리적 공간과 모니터 속 공간 사이의 간극을 보여 주며 관객에게 일종의 비물질적 경험을 하게 한다.

러시아 상트페테르부르크를 기반으로 활동하는 예술가 그룹 툰드라(Tundra)는 사운드, 빛, 공간을 매체로 관객이 작품 속에 물리적으로 들어가는 작품을 선보인다. 작품 〈나의 고래(My whale)〉는 몰입형 사운드를 갖춘 라이트 아트다. 깊은 바닷속을 연상케 하는 푸른빛의 공간은 고래의 울음소리처럼 울림이 있는 저주파 사운드의 영향을 받아 출렁인다. 이 작품은 고래가 내는 소리와 빛의 패턴이 서로 연결되어 상호작용하며, 관객이 움직일 때마다 주변의 빛과 소리가 반응하는 방식으로 설계되었다. 이로써 관객은 작품의 물리적 공간에 들어가 직접 고래와 교감하는 듯한 체험을 하게 된다.

이처럼 비물질성과 가상성을 보여 주는 예술의 맥락에서 중요하게 생각해 보아야 할 것은 인간의 신체다. 1990년대에는 디지털 기술의 발전과 함께 예술과 철학 분야에서 탈신체성과 디지털 이미지의 존재론에 대한 논의가 활발히 이루어졌다. 따라서 디지털 이미지와 가상현실, 그리고 인간의 정체성과 경험이 어떻게 변화하는가를 탐구한 이론가들이 많았다. 그중 셰리 터클(Sherry Turkle)은 『스크린 위의 삶: 인터넷 시대의 정체성(Life on the Screen: Identity in the Age of the Internet)』(1995)에서 디지털 기술이 인간의 정체성 형성에 미치는 영향을 분석하며 인터넷과 가상현실이 사용자의 신체적 한계를 초월하는 새로운 자아를 형성하게 한다고 주장한 바 있다.

도나 해러웨이(Donna Haraway)는 『사이보그 선언(Cyborg Manifesto)』(1985)에서 인간과 기계의 경계를 허물며, 사이보그라는 개념을 제시했다. 사이보그는 기술과 인간의 결합을 통해 전통적인 신체의 개념을 넘어서고, 디지털 이미지와 가상현실 속에서 새로운 정체성을 형성하는 존재가 된다. 마크 포스터(Mark Poster) 역시 『정보의 양상: 후기구조주의와 사회학적 맥락(The Mode of Information: Poststructuralism and Social Contexts)』(1990)에서 디지털 및 정보화 사회에서 주체 형성이 어떻게 변화하는지 분석했다. 그는 디지털 환경에서 신체의 중요성이 감소하고, 정보와 이미지가 새로운 형태의 주체성을 형성한다고 주장한다.

그러나 이후 '탈신체성' 개념을 비판하는 이론가들이 나오기 시작했다. 대표적으로 『뉴미디어를 위한 새로운 철학(New Philosophy for New Media)』(2006)을 쓴 마크 핸슨(Mark Hansen)은, 제프리 쇼의 다양한 작품들을 감상하기 위해 필요한 것은 관람객의 신체임을 강조하며 디지털 아트가 탈신체성을 보인다고 말하는 기존의 이론들을 비판한다. 그러나 탈신체성을 주장했던 이론들이 서구의 시각 및 이성 중심의 기존 패러다임을 비판하고 새로운 이미지 및 공간 경험을 통해 인식의 새로운 모델을 추구했다는 점을 생각해 볼 때, 핸슨의 견해 역시 이들과 크게 다르지 않다. 탈신체성은 다시 말하면 탈시각중심성, 탈이성중심성의 의미를 지니고 있는 것이며 핸슨이 관람객의 신체 전체를 매개로 하는 작품들의 경험을 말할 때 그 역시 시각 중심성에서 벗어난 새로운 지각 패러다임을 제시한다고 볼 수 있기 때문이다.

신체의 확장 혹은 신체의 소멸

알렉산드라 도마노비치(Aleksandra Domanović)는 인공지능을 활용해 고대 조각상과 현대의 디지털 기술을 결합한 작품을 제작한다. 도마노비치는 젊은 작가들이 작품을 웹에 공개할 수 있도록 하는 사이트인 보크(VVORK.com)의 운영진 중 한 명이었다. 이 사이트는 웹에 게시된 작품도 미술관이나 갤러리에 전시된 작품과 마찬가지로 중요한 경험 대상이 될 수 있음을 보여 주고자 했다. 실제로 이 사이트에 작품을 제시한 많은 작가들이 큐레이터의 제안을 받고 전시를 하게 되었고 또한 박물관이나 갤러리 전시 작품들이 이 사이트에 게시되기도 했다. 그러나 도마노비치는 온라인의 경험에만 머물지 않고 물리적 오브제 작업이나 오프라인 전시를 다양하게 병행했다. 그녀는 디지털 콘텐츠에 적합한 작품

형식과 오프라인에 적합한 작품 형식 중 작가가 선택할 수 있다고 주장한다. 즉 포스트 인터넷 시대의 예술이 어떠해야 하는지 제시한 것이다.

그렇다면 이러한 시대에 우리의 정체성, 우리의 신체는 어떻게 이해해야 할까. 버추얼 인플루언서는 이 논의에서 흥미로운 존재들이다. 수백만 명의 폴로어(follower)를 갖고 있는 릴 미켈라(Lil Miquela)나 브라질의 루(Lu do Magalu), 영국의 슈두(Shudu Gram), 한국의 로지 등의 버추얼 인플루언서들은 컴퓨터 그래픽 및 인공지능 기술로 탄생한 가상의 인물들이지만 본인의 소셜네트워크서비스(SNS) 계정을 갖고 폴로어들과 다양한 상호작용을 할 뿐 아니라 노래와 춤을 추고 광고(CF) 등에도 출현한다. 이들은 물리적 신체가 없는 디지털 정체성을 대표하며, 가상성과 탈신체성을 극명하게 보여준다. 2024년 6월에는 세계 최초의 AI 미인 선발대회가 열리기도 했다. 대회에는 전 세계 AI 콘텐츠 제작자가 만든 1500명의 AI 미녀가 참여했으며 그중 열 명이 최종 결선에 오르는 등 많은 관심을 받았다. 이러한 상황은 신체에 대한 이해가 과거처럼 물질적 차원에 머무르지 않고 훨씬 입체적이고 다양한 관점을 가질 수 있음을 보여 준다.

참고문헌

최소영(2021). '넷. 아트'에서 '포스트 인터넷 아트'로의 이행 연구. ≪현대미술사연구≫, 제50집.

Haraway, D.(2016). *Manifestly Haraway.* Minnesota university press. 황희선 옮김(2019). 『해러웨이 선언문』. 책세상.

Live-Taped Video Corridor (1970) by Bruce Nauman. https://www.youtube.com/watch?v=5ujlefWcY-w

Mitchell.W.(1992). *The Reconfigured Eye: visual truth in the post photographic era.* MIT Press. 김은조 옮김(2005). 『디지털 이미지론』. 아이비스 출판부.

TUNDRA - MY WHALE v2 installation (official). https://www.youtube.com/watch?v=RJ4qiah4YVg

06
빅 데이터와 기계 학습

디지털 대전환 시대, 4차 산업혁명은 우리 시대의 슬로건이다. 빅 데이터와 기계 학습으로 무장한 인공지능은 이 시대의 대표 기술이다. 또한 예술은 이러한 기술을 기반으로 우리의 시대적 상황을 다양한 비유법으로 묘사하거나 그 한계를 폭로하고 대안을 제시한다.

AI와 야구?

디지털 대전환 시대의 대표 기술들

인공지능 예술이 기존의 미디어 아트와 다른 특징으로 빅 데이터와 기계 학습의 활용이 있다. 그렇다면 디지털 기술에는 이런 특성이 없었을까. 이 문제를 위해서는 인공지능과 디지털 기술의 관계를 알아보아야 한다. 인공지능 기술은 4차 산업혁명, 혹은 디지털 대전환(DX, Digital Transformation) 시대를 대표하는 기술 중 하나다. 그 이유는 디지털 기술의 발전으로 방대한 양의 데이터가 생성되고 있기 때문이다. 클라우드 컴퓨팅, 빅 데이터 기술, 고성능 컴퓨터 등의 디지털 기술은 데이터의 수집과 분석을 용이하게 한다. 그리고 인공지능은 이러한 데이터와 컴퓨팅 자원을 활용하여 학습하고 예측 모델을 개발한다. 따라서 빅 데이터는 인공지능 모델의 성능을 높이는 데 필수 요소로 작용한다. 즉 디지털 시대가 본격화하면서 엄청난 양의 정보가 생산되고 있으며 이를 처리하기에 적합한 기술이 인공지능이다. 특히 디지털 미디어의 일반화에 따른 결과물인 빅 데이터는 인공지능 기계 학습의 필수 요건이 된다.

빅 데이터란 일반적으로 매우 크고 복잡한 데이터 세트를 의미하며, 전통적인 데이터 처리 도구와 방법으로는 가공하기 어려운 데이터를 말한다. 빅 데이터는 소셜 미디어, 센서 네트워크, 인터넷 검색 기록, 거래 데이터 등 다양한 소스에서 수집되며 빅 데이터를 분석함으로써 새로운 통찰력을 얻을 수 있게 될 뿐 아니라 복잡한 문제 해결의 열쇠를 찾을 수 있게 된다. 그리고 기계 학습(Machine Learning)은 컴퓨터가 명시적으로 프로그래밍되지 않아도 데이터로부터 학습하고 예측하거나 결정을 내릴 수 있게 하는 알고리듬을 통해 이루어질 수 있다. 기계 학습 알고리듬은 데이터를 분석하고 패턴을 인식하며, 이 정보를 바탕으로 모델을 구축하여 미래의 데이터를 예측하거나 분류한다. 따라서 빅 데이터와 기계 학습의 관계는 상호 보완적이다. 빅 데이터는 기계 학습에 필요한 데이터를 제공하고, 기계 학습은 이 데이터를 활용하여 유의미한 통찰과 예측을 가능하도록 한다. 대부분의 인공지능 이미지 프로그램 역시 기계 학습을 활용하는데 딥드림(Deep Dream)이 대표적이다. 딥드림은 신경망이 이미지를 인식하는 방식을 시각화한 것으로 이때 이미지 내의 특정 패턴을 과장되게 표현함으로써 이미지를 변형할 뿐 아니라 환상적인 시각 패턴을 생성해 낸다.

시청각적 이미지로의 데이터 가공

인공지능과 기계 학습, 빅 데이터를 활용하는 예술가들은 기술과 창의성을 결합하여 혁신적인 작품을 창조하고 있다. 빅 데이터와 기계 학습을 활용하는 대표적 예술가 레픽 아나돌은 대규모 데이터로 인공지능을 학습시켜 인상적인 비주얼 아트 작품을 창작한다. 그의 작품 〈WDCH의 꿈〉은 인간의 경험이 구축해 온 풍부한 역사를 인공지능의 데이터 세트로 활용함으로써 집단의 기억을 강력하고 새로운 방식으로 제시한다. 그는 창립 100주년을 맞은 로스앤젤레스 필하모닉 오케스트라를 기념하기 위해 그 오케스트라가 100년간 쌓아 온 역사적 아카이브 전체를 활용하여 건물의 외면에 매핑한다. 이 작품을 위해 사용된 것은 45테라바이트의 데이터, 즉 58만7763개의 이미지 파일, 1880개의 비디오 파일, 1483 메타데이터 파일, 1만7773개의 오디오 파일(1만6471개 퍼포먼스로부터 발췌된 4만 시간의 오디오 용량) 등이다. 아나돌은 이 방대한 아카이브에 적용할 기계 지능 접근 방식을 개발한 후 대규모 기계 학습을 진행했으며 그 결과를 프로젝션 매핑 기법으로 콘서트홀 외벽에 펼쳐 보였다. 이 프로젝트는 콘서트홀의 표면을, 이 위대한 음악 기관의 아카이브가 지닌 풍부한 추억을 대중과 공유하는 역동적이고 진화하는 캔버스로 변형했다. 그의 또 다른 작품 〈멜팅 메모리스(Melting Memories)〉는 첨단 기술과 현대미술의 교차점에서 나타나는 재현 가능성에 대한 새로운 통찰력을 제공하여 기억의 물질성을 탐구하는 작품이다. 이 작품은 캘리포니아대학교 로스앤젤레스(UCLA) 소속 뉴로스케이프(neroscape) 센터 신경과학연구소에서 제공받은 툴을 이용해 두뇌 안의 뇌파 운동을 시각화한 것이다. 역시 동 연구소에서 제공한 뇌파 관련 데이터를 연구소 제공 툴과 자체적인 프로세스를 거쳐 고해상도 대형 LED패널을 이용해 무형의 데이터를 마치 눈앞에서 공기 중으로 풀어지며 만지면 닿을 것 같은 촉각적인 이미지로 구현한다.

이러한 데이터의 시각화는 추상적이고 이해하기 난해한 데이터를 보다 쉬운 맥락으로, 혹은 특정 의미가 있는 데이터의 집합을 전혀 다른 맥락과 감각으로 전달할 수 있게 하는 시각적 방법이다. 또 아나돌은 〈기계 환각(Machine Hallucination)〉(2019)에서 데이터의 기업 독점 문제를 다루기도 했다. 연작으로 제작된 이 작품 중 〈NYC〉는 소셜 네트워크에 공개되어 있는 1억 개가 넘는 뉴욕시의 사진 아카이브에 기계 학습 알고리듬을 배포하여 생성된 데이터 이미지다. 16K 해상도로 30여 분간 상영되는 이 영화적 영상은 엄청난 양의 뉴욕시 이미지의 바닷속으로 관객을 잠기도록 한다. 하지만 이 작품은 그러한 몰입적 경험을 넘어 데이터 소유권 문제를 제기한다. 수많은 개인이 소셜 미디어에 업로드하는 이미지는 빅테크 기업의 클라우드에 자동 저장되는데, 아나돌은 이 작품을, 데이터 소유권을 거대 기업에서 개인 사용자로 이전하기 위한 '프로젝트 리버티(Project Liberty)'의 일환이었던 무료 전시회에 공개하였다. 이처럼 그는 개인 생산 데이터의 가치와 인터넷 권력 분산 문제를 감각적으로 제시하고 있다.

작게 시작할 가능성- AI와의 직접적 소통

빅 데이터에 대한 의존도 심화를 비판하며 이에 대한 대안을 제시하려는 작가로 데이비드 영(David Young)을 들 수 있다. 그는 다음과 같이 말한다.

> "우리는 규모의 시대에 살고 있습니다. … 또 AI는 규모라는 개념에 기반을 두고 있기 때문에 현재의 순간과 완벽하게 일치하는 것처럼 보입니다. AI는 학습하고 기능하기 위해 상상할 수 없는 엄청난 양의 데이터를 필요로 합니다. 이것은 가장 큰 회사만이 제공할 수 있는 데이터의 양입니다. 이

데이터에는 우리 문화에 존재하는 신념과 편견이 포함되어 있습니다. 그 결과 우리는 완전히 의도적이지는 않지만 이미 존재하는 불평등을 더욱 가속화하고 최적화하는 AI 애플리케이션을 개발합니다. 이런 미래는 불가피할까요? 방대한 데이터 세트를 보유한 가장 큰 조직만이 AI를 어떻게 사용할지 결정할 수 있는 걸까요?"

반면 그는 작게 시작할 가능성을 제시한다. 작은 규모로 작업을 하고, AI와 직접 소통함으로써 기술이 무엇이며 무엇을 가능하게 하는지에 대한 새로운 직관과 이해를 개발할 수 있지 않을까. 이를 위해 그는 자신만의 작은 데이터 세트를 구성한다. 그의 〈자연 학습(Learning Nature)〉 시리즈 중 〈꽃(Flowers)〉은 영이 2018년 여름에 뉴욕 보비나에 있는 자신의 농장에서 찍은 사진으로 컴퓨터를 훈련시킨 후 생성한 이미지이며, 〈구름 협곡(Cloud Canyon)〉은 로스앤젤레스의 멀홀랜드 고속도로 근처에서 찍은 사진으로 훈련시킨 후 얻은 이미지다. 영의 작업은 단지 빅 데이터에 대한 비판을 넘어 인간과 기계가 어떻게 공존할 것인지 생각하도록 한다. 영은 엄청난 분량의 데이터가 아닌 자신이 촬영한 사진으로 인공지능을 학습시켰는데 이러한 과정이 기계와의 일종의 공생적 작업임을 알게 되었다고 말한다. 작가가 자연에 대한 독특하고 아름다운 해석을 만들기 위해 기계의 작업 과정에 계속 개입하고 선택해야 한다는 것이다. 그리하여 영은 기계가 자연 세계에 대한 고유한 비전을 구축할 수 있도록 한다. 물론 그 이미지는 인간의 시각에는 정확하지 않을 수 있다. 그러나 잘못된 해석, 실수 역시 작업의 일부다. 영은 기계에 의한 자연의 '그릇된 해석'을 포용한다.

우리 시대는 명실상부 빅 데이터와 기계 학습의 시대다. 그러나 예술가들은 인공지능 기술의 이러한 특성을 좀 더 다양하게 활용하여 새로운 형태의 창작과 표현을 시도한다. 그리고 이로써 시대적 상황의 특성을 묘사하고 그 한계와 문제점을 비판함으로써 우리에게 새로운 관점과 경험을 제공한다.

참고문헌

최소영(2022). 포스트 디지털 시대의 인공지능 예술 연구. ≪미학예술학연구≫, 67호.

David Young. https://aiartists.org/david-young

machine hallucination – NYC. https://refikanadol.com/works/machine-hallucination-nyc/

melting memories.

https://refikanadol.com/works/melting-memories/

Refik Anadol. WDCH Dreams: Relive the Full Epic Performance in HD!.
https://www.youtube.com/watch?v=FKfCrChDWpY

07
인간-기계의 협업

예술적 창의성은 결코 해명할 수 없는 신비로운 영역일까. 많은 예술가들은 자신의 작품을 인공지능에 학습시켜 자신의 스타일의 새로운 돌파구를 열어 낸다. 인공지능은 창의성에 대한 분석으로 그 비밀을 들여다보려 한다.

AI와 윤동주?

인공지능, 예술 창작의 수평적 조력자

인공지능을 활용한 예술가 중에는 작품 창작 과정 자체를 인공지능 및 로봇과 함께 하는 경우가 많다. 이것은 플럭서스 예술가들이 선보였던 퍼포먼스에 기계를 결합한 유형이라 할 수 있는데 이는 인공지능이 실시간 데이터 처리에 특화된 기술이라는 점에서 비롯된 것이다. 퍼포먼스를 위해서는 로봇이 필요한데 이는 인공지능과 로봇 기술의 밀접한 관계를 보여 준다. 쉽게 구분하자면 인공지능 프로그램은 소프트웨어이며 이를 작동하기 위해서는 수행성을 가진 장치가 필요하다. 거기에 적합한 기술이 로봇이다. 로봇은 물리적인 세계에서 작업을 수행하는 기계 장치로, 인공지능 알고리듬을 통해 환경을 인식하고, 계획을 세우며, 작업을 수행할 수 있다. 또 인공지능은 빅 데이터와 학습 알고리듬을 통해 로봇의 성능을 지속적으로 향상하는데, 로봇이 작업을 수행하면서 수집한 데이터를 분석하고, 이를 바탕으로 더 나은 결정을 내릴 수 있다. 두 기술은 이처럼 밀접하게 연결되어 있다. 인공지능을 활용한 예술가들의 상당수는 인공지능이 창작 작업의 수평적 조력자라고 말하고 있으며 이것은 새로운 형식의 인간-기계 협업이라 할 수 있다.

인간과 기계의 불완전함의 상호작용

수쥔 청(SougwenChung, 鍾愫君)은 설치, 조각, 드로잉, 퍼포먼스 등 다양한 작업을 수행하는데, 특히 인공지능 로봇과 함께 하는 드로잉 퍼포먼스로 유명하다. 청은 만일 인간의 일을 기계가 대신하게 된다면 인간의 역할은 무엇이 될까 질문한다. 그리고 기계와 인간의 역동성을 만나게 하고 그 경계에 대해 탐색한다. 작가가 개발한 '더그(Drawing Operations Unit Generation 1-2-3)'는 그림 그리는 로봇으로 로봇팔 디자인 오픈 소스를 이용해 실시간으로 동작을 따라 하는 장치로 개발되었다. 청은 2015년 처음으로 1세대 더그와 함께 사람들 앞에서 그림을 그렸는데 예상치 못한 일이 발생한다. 시뮬레이션 당시에는 완벽했던 더그가 그녀의 드로잉을 완벽하게 따라 그리지 못했던 것이다. 미끄러지고 비틀거리는 로봇팔 더그의 실수에 오히려 작가가 로봇팔의 움직임에 실시간으로 반응해야 했고 이것이 흥미로운 지점을 만들었다. "나는 기계의 불완전성, 인간과 기계의 불완전함이 상호작용하며 아름다움을 만든다고 생각합니다." 청은 인간과 로봇이 창조하는 예술은 불완전함을 공유하는 작업이라고 말한다.

작가는 자신의 과거 작품들에서 시각 알고리듬을 이

용해 정보를 모아 이것으로 신경망 프로그램을 훈련시킨 후 맞춤형 소프트웨어로 로봇에 입력했다. 이런 췽의 작업이 흥미로운 점은, 우리가 흔히 인공지능에 대해 어떤 '완전함'을 상정하고 바라본다는 것을 깨닫게 하기 때문이다. 과연 인공지능은 절대 실수하지 않는가? 인공지능은 알고리듬대로 완벽하게 임무를 수행할까? 췽은 작업 과정에서 자신이 인공지능에 대해 갖고 있던 생각이 깨졌다고 말한다. "인공지능은 근본적으로 가변적이고 수정할 수 있는 시스템이라, 사람의 작업을 필요로 합니다. 그것은 완전무결하지 않습니다." 따라서 더그와의 작업은 '창조성'에 대한 새로운 생각을 가능하게 한다. 이제, 인간과 기계가 늘 상호작용을 하며 사는 세상이 되었고, 창조성이나 창의성 역시 그런 상호작용 속에서 발생할 것이라는 점이다. 혹은, 인간과 기계가 힘을 합해 서로의 불완전함을 인정하며 새로운 창작의 과정, 표현의 과정을 찾아 나가는 것이 우리 시대의 '창의성'이라는 점이다. 췽에게 인공지능은 비인간 협력자이자 작가 자신의 작업을 반성할 수 있게 해 주는 거울이며, 혼자서는 하지 못했을 창의성의 경계를 함께 탐구해 나갈 수평적 조력자라 할 수 있다.

인간 몸짓의 알고리듬 분석으로 찾는 새로운 안무

웨인 맥그리거(Wayne McGregor)는 기계와의 협업을 '안무'를 통해 하고 있다. 영국의 안무가이자 무용 감독, 공연 기획자인 맥그리거는 인공지능 기술을 통해 '춤'이 이루어지는 방식에 대해 연구한다. 그는 영화 〈해리포터와 불의 잔(Harry Potter and the Goblet of Fire)〉, 〈신비한 동물사전(Fantastic Beasts and Where to Find Them)〉 등의 움직임 마스터를 맡았고, 현대무용에 속하는 인물이지만 영국 로열 발레단과 볼쇼이 발레단의 안무를 맡기도 했다. 또 뮤지션인 '케미컬 브라더스(The Chemical Brothers)'의 뮤직비디오 안무도 맡은 경력이 있다. 그의 다채로운 경력에서 확인할 수 있듯 춤은 어느 장르에 속하든 인간의 몸짓을 통해 이루어진다. 그리고 맥그리거는 바로 이런 인간의 몸짓을 과학적으로 분석하고 테크놀로지를 활용해 창안함으로써 매우 낯설면서도 새로운 '춤'을 보여 준다.

〈리빙 아카이브(living archive)〉는 인공지능 기반 안무 도구, 한 마디로 인공지능을 이용해 창작한 '안무' 프로그램이다. 이는 '스튜디오 웨인 맥그리거'와 '구글 아츠 앤 컬처 랩'이 공동으로 실험한 결과물이다. 맥그리거는 스마트폰에서 문자 텍스트를 입력할 때 예측된 다음 단어가 미리 스크린에 뜨는 자동완성기능을 보며 이 기술을 인공지능에 적용하면 춤 동작도 예측할 수 있을 것이라 보았다. 그는 구글 엔지니어들과 협업하여 인공지능에게 '리빙 아카이브'라는 알고리듬을 훈련시켰는데, 이 아카이브는 맥그리거가 25년 동안 안무한 작품들을 찍은 수천 시간 분량의 동영상 자료들이었다. 그 결과는 매우 놀라웠다. 맥그리거의 안무 어휘를 다 익히고 이해한 인공지능은 그의 스타일에 맞는 범위에서 다음에 연속될 동작, 이제껏 나온 적이 없는 형태의 새로운 안무를 계속 개발해 낸 것이다.

이후 다른 댄서들 역시 이를 활용했고 '리빙 아카이브'는 각 댄서의 움직임을 캡처하여 그 형태를 감지한 다음 그 댄서에게 맞는 다음번 동작을 제안하는 식으로 안무에 참여했다. 한계에 부딪힌 무용가들에게 돌파구가 되어 줄 테크놀로지가 개발된 것이다. 이로써 댄서와 인공지능 간의 생생한 상호작용이 가능해지며, 새로운 '안무'에 대한 창의력이 열린다고 볼 수 있다.

인공지능으로 풀어 보는 창의성의 비밀

타린 서던(Taryn Southern)은 〈아메리칸 아이돌〉에 출

연했던 미국의 팝 가수이자 미래학자이며 영화감독이다. 서던은 2018년에 첫 솔로 앨범인 '아이 엠 아이(I AM I)'를 발표했는데 이 앨범을 인공지능과 공동 작업한 것으로 알려졌다. 서던은 VR 프로젝트를 통해 이 앨범 작업을 시작했는데 사용자 생성을 기반으로 음악을 만들 수 있는 오픈 소스 제품인 '앰퍼 뮤직'을 비롯한 다양한 인공지능 기반 작곡 도구를 사용하였다.

'아이 엠 아이'의 첫 번째 싱글 작품인 〈브레이크 프리(Break Free)〉는 2017년 8월에 발매되었으며 작사는 서던이, 작곡은 인공지능이 한 작품이다. 물론 인공지능이 음악을 만들어 온 것이 새로운 일은 아니다. 과거에도 인공지능은 알고리듬에 맞춰 음악을 만들어 왔다. 하지만 기존에 컴퓨터 음악이라고 불리던 인공지능 음악은 딥러닝 기술이 본격화되면서 더욱 다양한 음악 영역에서 힘을 발휘하기 시작했다. 인공지능은 인간 작곡가가 수년에 걸쳐 만들어 내는 음악을 수많은 학습 데이터를 이용해 짧은 시간 내에 완성한다. 또한 각자 원하는 음악의 장르, 노래를 구성하는 분위기, 원하는 악기, 음악 속도 등을 입력하면 자신의 느낌에 맞는 개별 맞춤형 음악이 탄생한다.

인공지능과의 협업을 통해 작품 활동을 하는 작가들

은 본인도 몰랐던 자신의 작업 스타일을 인공지능을 통해 알게 되었다고 말한다. 인간의 '창의성'이란 매우 신비롭고 비밀스러운 능력이다. 그러나 인공지능은 그것을 과학적으로 분석하여 어떤 본질적 공통성을 파악하고 그것을 사람들이 보다 정확히 볼 수 있도록 제공한다고 말할 수 있다. 그렇기 때문에 이런 작업은 인간의 창의성에 대한 도전이라기보다는 그 능력이 갖고 있는 비밀에 다가갈 수 있는 하나의 통로라고 볼 수 있다.

우리는 한 작가의 작품들이 독특한 공통점을 갖고 있음을 안다. 그렇기 때문에 처음 보는 작품이라고 해도 누구의 그림인지, 누구의 음악인지, 누구의 소설인지 쉽게 파악이 된다. 인공지능은 그런 창의성이 발휘되는 과정을 보다 분석적으로 들여다볼 수 있게 해 줌으로써, 인간 자신에 대해 좀 더 잘 알게 해 주는 기술이라고 말할 수 있다. 물론 인공지능과의 협업을 통해 우리가 '창의성'에 대해 완벽하게 알게 되지는 않을 것이다. 오히려 우리는 그 능력의 다함 없음에 진정으로 감탄하게 될 것이다.

참고문헌

최소영(2022). 포스트디지털 시대의 인공지능 예술 연구.

≪미학예술학연구≫, 67집.
Break Free - The First AI-Composed Pop Song | Lyrics by Taryn Southern.
https://www.youtube.com/watch?v=XUs6CznN8pw

08
기계 비전과 감각의 확장

기계는 무엇을 어떻게 볼까. 그것은 데이터의 패턴과 구조를 인식한다. 우리가 아무것도 보지 못하는 곳에서 무수히 다양한 것을 읽어 내는 기계 비전은 비(非)인간의 눈에 보이는 세계가 어떻게 이루어지는지 보여 준다.

AI와 한의학?

기계가 읽는 방식– 패턴 인식

기계 비전(Machine Vision)이라는 표현은 마치 인간과는 다르지만 기계가 대상을 보는 방식이 있는 것처럼 느껴지게 한다. 그러나 당연하게도 이것은 은유일 뿐 기계는 대상을 보지 않는다. 우리가 개나 고양이의 이미지를 인식할 때 기계는 숫자 모음을 읽을 뿐이다. 그렇다면 왜 기계 비전이라는 표현을 쓸까. 그것은 기계 학습의 중요 원리가 패턴 인식(Pattern Recognition)인데 이것이 마치 우리가 구름이나 벽의 문양에서 강아지, 공룡, 자동차 등의 사물을 인식하는 것과 유사하기 때문이다.

패턴이란 데이터 내의 규칙성이나 반복되는 구조인데 예를 들어 이미지 내의 특정 형태, 텍스트 내의 특정 단어 조합 등이 해당된다. 따라서 패턴 인식은 데이터에서 규칙적 특성을 식별하고 분류하는 과정이다. 여기에는 여러 층위가 있는데 먼저 특징(feature)은 패턴을 인식하기 위해 추출된 데이터의 속성 또는 특성이다. 예를 들어 이미지의 색상, 텍스트의 빈도수 등이 특징에 해당한다. 클래스(class)는 패턴이 속하는 범주 또는 카테고리로 예를 들어, 고양이와 개를 구분하는 이미지 분류에서 '고양이'와 '개'가 클래스가 된다.

패턴 인식을 위해서는 먼저 데이터 수집이 진행된다.

이는 이미지, 텍스트, 음성 등 다양한 형태일 수 있다. 그리고 수집된 데이터를 분석하기 전에 필요한 전처리(Preprocessing) 과정을 거치는데 이미지의 노이즈 제거, 텍스트의 토큰화 등이 포함된다. 그다음은 특징 추출(feature extraction)로 예를 들어, 이미지에서 경계선을 추출하거나 텍스트에서 단어 빈도를 계산하는 과정 등이 포함된다. 마지막으로 패턴 분류(classification)는 추출된 특징 벡터를 기반으로 데이터를 특정 클래스에 할당하는 과정이다. 이런 과정으로 이루어지는 패턴 인식은 인공지능의 다양한 응용 분야에서 핵심적인 역할을 하며, 데이터의 구조와 규칙성을 이해하고 이를 기반으로 유용한 정보를 추출하는 데 기여한다.

기계의 상상력과 무의식, 딥드림 이미지

인공지능의 이미지 제작 기술이 빠르게 발전하면서 데이터에서 특정 패턴을 인식해 내는 프로그램들이 다수 등장했다. 그런데 여러 프로그램 중 특히 딥드림(Deep Dream)은 중요하다. 그 이유는 딥드림의 개발자인 알렉산드르 모르드빈체프(Александр Мордвинцев)의 새로운 시도에서 찾을 수 있다.

모르드빈체프는 상트페테르부르크에서 컴퓨터학을

전공했으며 이후 컴퓨터로 생물학적 시스템을 모델링하는 해양 훈련 시뮬레이터 전문 회사에서 일했다. 그는 컴퓨터 비전 부서에서 일하며 소리와 이미지를 이해할 수 있는 컴퓨터 개발에 집중했다. 이후 구글로 이직한 그는 인공 신경망의 기능에 대해 연구하게 된다. 그러던 중 2015년 5월, 그는 새로운 아이디어를 떠올렸다. 그동안 인공 신경망은 인간의 뇌를 모방하여 패턴을 인식하도록 설계되었으며 이로써 인간이 요청하는 작업을 충실히 수행하는 것을 목표로 하였다. 예를 들어 개와 고양이 이미지를 학습한 신경망은 새로운 이미지가 입력되었을 때 그것이 개인지 고양이인지 식별하는 정확성을 높이는 방향으로 훈련되었다. 그러나 모르드빈체프의 시도는 이런 기존의 방식을 완전히 바꾸었다. 즉 "컴퓨터를 풀어 놓고 약간의 자유와 꿈을 꿀 수 있게 했을 때 무슨 일이 벌어지는지 보려는 것"(Miller, 2020)이었다.

모르드빈체프의 시도는 컴퓨터의 숨겨진 신경망 계층에서 이루어지는 일을 가시화한다. 즉 인공 신경망의 구조에서 식별할 이미지가 입력되는 계층과 설루션(solution)이 나타나는 출력 계층 사이의 뉴런 계층에서 어떤 일이 일어나는지 탐색했던 것이다. 그는 이 뉴런 계층이 단순히 입력 데이터를 출력 레이어로 전달하는 역할만 하지 않는다고 가정했다. 그는 고양이와 비글 이미지를 사용했는데 일반적으로는 자료를 기계에 입력하면 118종의 개와 여러 마리의 고양이가 있는 이미지넷에서 훈련된 신경망이 고양이와 개를 식별하여 결과를 보여준다. 그러나 그는 고양이 이미지 부분만 입력한 후 데이터가 숨겨진 레이어를 통과하는 중간에 작동을 멈추고 이를 다시 개와 고양이의 특징이 혼합된 뉴런 및 이미지넷에 있는 다른 모든 것으로 폭발시켰다. 그런 방식으로 신경망에 이미지를 여러 번 통과시킨 결과 마치 '악몽 속의 짐승'과도 같은 이미지가 형성되었다. 머리에는 두 쌍의 눈이 있고 엉덩이에도 한 쌍의 눈이 있고 몸 전체에 눈과 개의 속성이 튀어나온 것이다. 이것은 네트워크가 고양이보다 개에 더 많이 훈련되었기 때문에 놀라운 것은 아니었다. 또한 배경도 복잡한 기하학적 패턴으로 변형되었고 거미 두 마리가 튀어나왔다. 사람은 보지 못했지만 기계는 데이터에서 거미를 보았던 것이다. "그것은 기계의 눈을 통해 본 세상에 대한 비전이었다."(Miller, 2020)

그는 계속해서 여러 규모로 알고리듬을 적용하여 크고 작은 고양이와 같은 생물을 동시에 만들어 내고, 프랙탈 속성과 환각적이라고만 말할 수 있을 모습을 가진 이미지를 만들어 냈다. 그리고 여기서 중요한 점은 기계가 프로그래밍되지 않은 이미지를 생성했다는 것이다. 즉 모르드빈체프의 시도는 기계의 시각, 기계의 상상력 혹은 기계의 '무의식'을 우리에게 드러냈다.

기계의 눈으로 보는 인간의 세계

기계 비전을 활용하는 또 한 명의 흥미로운 작가로 메모 악텐(Memo Akten)을 들 수 있다. 악텐 역시 '기계의 상상력'과 '기계의 시선'을 탐구하기 위해 기계 학습 알고리듬을 이용한다. 그의 작품 〈보는 법 배우기-글루미 선데이(Learning to See-Gloomy Sunday)〉는 인공 신경망이 카메라를 통해서 대상을 보고 그것을 이해하려는 과정을 보여 준다. 악텐은 인공지능이 이미지를 처리하는 방식과 세상을 보는 방식을 연결하고 있는데, 이것은 신경망이 훈련된 데이터만을 기반으로 새로운 이미지를 이해한다는 특징을 활용한 것이다. 작품에서 인공 신경망은 안경 닦는 천, 충전기와 같은 일상적인 사물들을 거대한 파도, 불꽃, 푸른 하늘의 구름, 꽃 등으로 인식한다. 그것은 이 작품의 인공지능이 파도, 불꽃, 구름, 꽃 등의 이미지 컬렉션만을 학습했기 때문이다. 따라서 그 신경망은 모든 대상에 자신이 아는 것만을 마치 필터를 씌우

듯 하여 파악하게 된다. 이 작품을 통해 우리가 세상을 인지하고 파악하는 것도 우리 자신의 관점과 편향, 방식을 통해서만 가능할 뿐이며, 우리 역시 다른 사람의 관점에서는 세상을 볼 수 없는 한계를 갖고 있다는 점 등을 생각하게 된다.

또한 악텐은 가장 인간적 영역이라 할 사랑, 예술, 믿음, 의식, 그리고 우주, 산, 바다, 꽃과 같은 이미지들에서 기계는 무엇을 볼지 실험한다. 이를 위해 사진 공유 사이트인 플리커에서 위에 나열된 단어가 태그된 이미지들로 데이터 세트를 만든 후 이를 기반으로 새로운 이미지를 '상상'하도록 기계 학습 알고리듬을 훈련시켰다. 이렇게 탄생한 그의 작품 〈깊은 명상(Deep Meditation)〉은 우리가 이전에는 볼 수 없었던 풍경, 사물 및 아이디어의 새로운 세계를 생성한다. 이 작품은 한 시간 분량의 다중 채널 비디오 및 사운드 설치 작품으로 인간 존재의 핵심 개념을 기계의 상상을 통해 재구성하고 있다. 그것은 비(非)인간 존재가 바라보는 인간의 세계를 보여 준다.

참고문헌

Aeon Video(2018.9.27). A neural network that sees nothing but art | Gloomy Sunday.

https://www.youtube.com/watch?v=kwDPmsCJmUw&list=RDkwDPmsCJmUw&index=1

Memo Akten.
https://aiartists.org/memo-akten?rq=MEMO%20AKTEN

Miller, A. I.(2020). DeepDream: How Alexander Mordvintsev Excavated the Computer's Hidden Layers. *The MIT Press Reader.*
https://thereader.mitpress.mit.edu/deepdream-how-alexander-mordvintsev-excavated-the-computers-hidden-layers/

09
데이터 처리와 비체 이미지

이언 보고스트는 인간 옆에 존재하는 모든 타자적 존재가 다 에일리언이라고 말한다. 또한 우리는 그들에게 에일리언이다. 완전한 이해 불가능성, 불투명성, 타자성– 그러한 에일리언은 인공지능 예술의 꿈틀대며 흐르는 비체 이미지에서 구현된다.

AI와 화장품?

우리 곁엔 이미 에일리언이 있다

미국의 철학자이자 비디오 게임 디자이너인 이언 보고스트(Ian Bogost)는 객체지향존재론(Obtected-Oriented Ontology) 분야에 속하는 사상가 중 한 명이다. 객체지향존재론은 인간과 인간이 아닌 다른 존재, 즉 동물이나 식물 또는 더 나아가 사물 등 모든 존재하는 것들은 동등한 중요성과 의미를 지니고 있음을 강조한다. 그레이엄 하먼(Graham Harman), 티모시 모턴(Timothy Morton), 레비 브라이언트(Levi Bryant)와 같은 철학자들은 보고스트와 더불어 모두 이러한 '평평한 존재론'적 관점을 보여 준다. 특히 보고스트는 인간이 아닌 다른 존재, 즉 동물이나 기계와 같은 사물의 관점에서는 세계가 어떻게 보일지 연구하는 '에일리언(alien) 현상학'이라는 방법론을 제시한다.

그는 하이데거의 '도구-존재' 개념, 즉 어떤 사물이 맥락화될 때는 '손-안에-있는-것'이 되고 그런 맥락에서 분리될 때는 '눈-앞에-있는-것'이 된다는 것이 현존재의 진리만이 아닌 모든 객체의 진리라고 보았다. 즉 모든 존재하는 것들은 우리에 대해서 그런 만큼 서로에 대해서도 '물러서 있는 것', 즉 은폐되어 있고 내부에 있으며 접근할 수 없는 영역을 갖는다. 그리고 이처럼 우리가

"모든 객체는 자신으로부터 물러서 있다는 관념을 진지하게 여긴다면 인간 지각은 객체들이 관계를 맺을 수 있는 여러 방식 중 하나에 불과한 것이 된다."(Bogost, 2012/2022: 30) 보고스트의 관점은 세계를 항상 인간과의 관계에서 바라보는 상관주의적 입장을 최대한 배격한다.

우리는 왜 비인간 존재의 관점을 인식해야 할까. 아니 그보다 먼저 왜 우리 시대에, 이처럼 비인간 존재와의 연결이나 비인간 존재의 지각 및 인식 논리에 대해 강조하는 사유가 나타나고 있을까. 그것은 우리 시대가 다양한 기술 분야에서 큰 발전을 이루고 있는 상황에서 세계 운영은 언제나 다양한 기계와 장치라는 비인간 존재들과의 복잡한 연관 속에서만 가능하기 때문일 것이다. 문제는 여기에 그치지 않는다. 오늘날 우리는 지구 온난화나 환경 위기를 통해 무한할 것 같았던 자연이 사실상 얼마나 파괴되기 쉽고 제한적인 것인지 깨닫고 있으며 탄소 배출이나 핵융합 실험과 같은 인간의 활동이 자연을 얼마나 영구적으로 변형시킬 수 있는지 피부로 느끼고 있다. 인류는 자연을 활용하고 개척한다고 생각해 왔지만 그 모든 활동 하나하나는 모두 자연에 그대로 새겨져 우리에게 되돌아오고 있다.

그렇다면 '에일리언 현상학'이라는 명칭의 의미는 무엇인가. 인류는 100년도 넘는 시간 동안 우주 어딘가에 있을지도 모를 지적 생명체와 대화하기 위한 프로젝트(SETI)를 진행해 왔다. 그러나 보고스트는 에일리언이란 "경험과 의미의 어떤 특정 영역에 대한 접근 불가능성"(Bogost, 2012/2022: 80)으로 보아야 한다고 말한다. 즉 "어느 것이나, 그리고 모든 것은 여타의 것에 대하여 에일리언이다."(Bogost, 2012/2022: 81) 따라서 에일리언은 저 먼 우주 어딘가에 있는 것이 아니라 도처에, 모든 것 속에 눈에 띄지 않게 숨어 있다. 에일리언 현상학은 이처럼, 존재하는 것들이 우리와 소통할 수 없을 뿐 아니라 자신들끼리도 소통할 수 없음에 대해 생각할 필요성을 말한다. 보이지 않은 채로 우리 세계에 산재하는 셀 수 없이 많은 사물에 주의를 기울이도록 하는 것이 또한 보고스트가 주창하는 존재론이다.

예술 이론에서의 '비체'의 의미

에일리언 현상학과 같은 평평한 존재론은, 그렇다면 인간과 타자의 온전한 소통은 불가능하다고 보는 것일까. 그렇지는 않다. 다만 인간의 인식이나 이성의 차원에서 타자에 대한 완전한 이해가 가능하지 않음을 우리가 받아들이고 인정해야 타자와의 진정한 관계가 시작될 수 있음을 주장하는 것이다. 따라서 이제 타자에 대한 접근과 이해는 예술과 같은 통로를 통해 이루어져야 한다고 볼 수 있다. 그리고 타자의 다름과 이해 불가능한 지점을 보여 주는 것으로 '비체 이미지'를 들 수 있다.

예술 이론에서 비체(卑體)는, 주로 줄리아 크리스테바(Julia Kristeva)의 저서 『공포의 권력: 혐오에 관한 에세이(Powers of Horror: An Essay on Abjection)』에서 발전된 개념이다. 이는 인간 존재의 심리적, 사회적, 문화적 경계를 탐구하며 예술에서 자주 다루어지는 주제다. 비체(abject)는 주체(subject)도 객체(object)도 아닌 그 중간쯤의 모호한 존재로 혐오감이나 경멸을 야기하지만 동시에 매혹적일 수도 있는 것을 지칭한다. 이는 비체와 깊은 관련이 있는 혐오(abjection)가 경계의 의미를 갖는 것과도 연결된다. 혐오스러운 것은 우리의 정체성과 사회 질서의 경계를 넘어서는 것들이며, 이는 우리에게 공포와 역겨움을 유발한다. 또한 혐오는 자아 형성 과정에서 중요한 역할을 한다. 개인은 자신의 정체성을 유지하기 위해 혐오스러운 것들을 배제하고, 이러한 배제 과정에서 자아가 형성된다. 따라서 혐오는 문화적으로 금기시되는 것들과 연관된다. 많은 사회가 깨끗하고 순수한 것과 더럽고 부정한 것을 구분하는데 혐오는 후자의 범주에 속한다. 따라서 혐오는 종종 사회적 타자를 만드는 과정에서 사용된다. 특정 집단이나 개인이 혐오의 대상이 되어 배제되고, 이는 사회적, 정치적 경계를 강화한다. 그런가 하면 예술가들은 혐오를 통해 사회적, 문화적 규범에 도전하고 질문한다. 이를 통해 관객에게 불편함을 주고, 사회의 금기와 규칙을 재고하게 하는 것이다. 혐오는 특히 신체와 관련된 주제에서 많이 다루어진다. 예술가들은 신체의 부정적 측면, 예를 들어 질병, 상처, 배설물 등을 통해 인간의 연약함과 정체성의 불확실성을 탐구한다.

기존 예술계에도 이런 주제를 다루는 예술가들은 많았다. 루이즈 부르주아(Louise Bourgeois)의 작품 중 〈마망(Maman)〉은 모성과 공포를 동시에 상징하며, 혐오의 개념을 시각적으로 표현한다. 프랜시스 베이컨(Francis Bacon)은 아일랜드 출신의 영국 작가로 신체의 왜곡과 고통을 다루는 작품을 많이 선보였다. 베이컨의 많은 초상화와 인물화는 극도로 왜곡된 형태를 통해 인간의 내면적 고통과 혐오를 시각화하고 있다. 철학자 질 들뢰즈(Gilles Deleuze)는 『감각의 논리(Logique de la sensation)』에서 베이컨의 왜곡된 형태가 신체에 가해지는 힘과 그로 인해 발생하는 감각을 그리고 있다고 평가한다. 그러한 감각적 신체를 가진 인간은 이성 중심의 인간과 달리 고통을 느끼는 존재로서, 인간이 동물과 같은 타자와 다를 바 없음을 보여 준다.

불투명한 타자성을 보여 주는 인공지능 예술의 비체

마리오 클링게만, 히토 슈타이얼(Hito Steyerl), 레픽 아나돌, 소피아 크레스포, 메모 악텐, 진 코건(Gene Kogan), 데이비드 영, 오비어스(Obvious) 그룹 등 수많은 인공지능 예술가들의 작품은 마치 흐르는 것처럼 끊임없이 꿈틀댄다. 이러한 비체는 바로 에일리언, 즉 비인간 타자에 대한 접근 불가능성과 그런 대상에서 어쩔 수 없이 느끼게 되는 이중적 감정, 즉 혐오와 호기심, 두려움과 매혹을 보여 준다. 구체적으로는 데이터 처리를 진행하는 인공지능 알고리듬과 같은 기계의 불투명성에 대한 감정이라 할 것이다. 데이터 자체, 그리고 데이터 처리 과정은 당연히 인간의 지각에는 감지되지 않는다. 데이터 관련 영상들은 사실상 눈에 보이지 않는 것을 우리가 이해할 수 있는 것으로 바꾸어 준 것이다. 그러나 그런 과정이 완전한 번역이 될 수는 없다. 인간이 이해하지 못하는 것이 남을 수밖에 없고 작가들은 바로 그런 인간과 기계 비전의 차이, 인간이 투명하게 보지 못하는 객체의 어두운 면을 비체로 형상화한다고 볼 수 있다.

참고문헌

Bogost, I.(2012). *Alien Phenomenology, or What It's Like to Be a Thing.* 김효진 옮김(2022). 『에일리언 현상학 혹은 사물의 경험은 어떠한 것인가』. 갈무리.

10
생성적 공감각

시각 이미지를 제작하는 수많은 프로그램이 있지만 인공지능이 예술을 정복했다고 보는 사람은 없다. 오히려 인공지능은 뒤샹이 꿈꾸었듯 예술가들이 표현이 아닌 아이디어에 집중하도록 다양하게 도울 수 있는 기술이 될 수 있을 것이다. 그것이 생성적 공감각이다.

종교와 AI?

표현에서 아이디어로, 생성적 공감각

미디어 아티스트 히토 슈타이얼의 작품 〈소셜심(Socialsim)〉(2020)은 팬데믹 기간의 혼란스러운 사회적 상황이 예술 창작과 미술관의 위상에 미친 영향을 다루는 5채널 영상 작품이다. '소셜 시뮬레이션'이란 사회적 현상이나 인간 상호작용의 복잡성을 이해, 예측하기 위해 시뮬레이션 기술을 사용하는 접근 방식이다. 예를 들어 재난 발생 시 인간의 행동 패턴을 시뮬레이션해 대피 경로를 최적화하는 자료로 사용하거나 기본소득 도입 시 경제적, 사회적 효과를 분석하는 경우 등이다. 이 작품에서 특히 흥미로운 것은 첫 번째 방이다. 그곳에는 쉬지 않고 춤을 추는 경찰과 군인 아바타가 네 개의 채널에 등장하는데 그들의 안무와 움직임을 결정하는 것은 사회적인 데이터다. 즉 2020년 팬데믹 기간에 유럽에서 일어난 대중 시위 현장의 사망자, 부상자, 실종자의 수와 같은 데이터의 추이와 이에 대한 인공지능의 분석이 시위를 진압하는 경찰 및 군인의 몸짓과 연동된다. 즉 그들의 격렬한 춤은 팬데믹 당시 엄청난 변동성을 보였던 각종 관련 데이터 자체의 시각화이자 이를 분석하는 인공지능의 개입 결과라 할 수 있다. 그것은 당시 혼란스럽고 불안한 상황 속에서 확산되었던 각종 정보의 생산과 순환, 그리고 가짜 뉴스의 확산에 의해서도 증폭된다. 즉 데이터 처리는 인공지능을 통해 이루어지지만 그것을 경찰 및 군인들의 신체의 움직임과 연동한 것은 작가의 창의성이다.

시각 이미지만을 놓고 볼 때 이를 생성하는 인공지능 프로그램은 이미 다양하게 개발되었다. 그런데 그렇게 많은 프로그램이 나왔다는 것은 역설적으로 예술적 이미지를 만드는 것이 그만큼 쉽지 않다는 방증이다. 게다가 여전히 인간 예술가와 예술 작품을 대체할 수 있는, 또는 뛰어넘었다고 할 프로그램은 사실상 없다. 물론 기술 발전의 속도가 매우 빨라 초기 프로그램에 비해 이미지의 자연스러움이나 완성도에서 많은 진전이 있었고 활용도 역시 다양해지는 것도 사실이다. 무엇보다도 인공지능 기술에 대한 의존도는 앞으로도 계속 높아질 것이다. 그렇다면 예술은 어디서 돌파구를 찾을 수 있을까.

아방가르드 예술가들이 기성품이나 일상용품을 예술로 선택하는 시도를 했던 것은 예술의 영역을 넓히고자 하는 의도에서였다. 그들은 소수의 뛰어난 작가의 솜씨의 결과만이 아닌 더 넓은 개념의 예술 가능성을 타진했다. 이로써 더 많은 사람이 창작에 참여할 수 있게 되었고 수용과 감상 역시 다양하고 적극적인 방식으로 이루어졌다. 그러한 시도 때문에 전통적인 예술이 사라진 것도 아니다. 이는 오히려 동시대 미술을 더욱 풍부하게 만드는 자극이 되었다.

에릭 저우(Eric Zhou)와 이도균(Lee Dokyun)이 제시한 '생성적 공감각(generative synesthesia)' 개념은, 인공지능을 활용한 예술 창작을 통해 단순히 기능적인 기술보다는 작가의 아이디어와 정교한 예술적 필터가 창작 과정에서 더욱 중요한 중심 기술이 될 수 있음을 보여준다(Zhou & Lee, 2024: 8). 따라서 이것은 뒤샹과 같은 아방가르드 예술가들의 시도를 인공지능 기술을 통해 재확인하고 다시 구현한 개념이라 할 수 있다. 연구자들은 인공지능을 활용하는 예술가들을 대상으로 미드저니(Midjourney), 스테이블 디퓨전(Stable Diffusion), 달리와 같은, 텍스트로 키워드를 입력하여 이미지를 생성하는 AI 도구가 예술 제작 과정에 미치는 영향을 연구했는데 이러한 AI 시스템이 예술가의 생산성을 향상하고 작품에 대한 더 좋은 평가로 이어지는 경향이 있음을 발견했다고 주장한다.

연구원들은 인터넷에서 가장 큰 예술 공유 플랫폼 중 하나의 대규모 데이터 세트를 분석했다. 여기에는 5만

3000명 이상의 예술가와 430만 개 이상의 디지털 예술 작품이 포함되었다. 또 2022년 1월부터 2023년 6월까지 창작 과정에 인공지능 도구를 채택한 것으로 알려진 5800명 이상의 예술가가 포함되었다. 연구진은 생성 AI 도구를 채택한 예술가들이 한 달 동안 제작한 예술 작품 수가 50% 증가했고 그다음 달에는 생산량이 두 배로 증가하는 등 생산성이 눈에 띄게 증가했다는 사실을 발견했다.

물론 인공지능이 창의성 영역에 긍정적인 효과만 미친 것은 아니다. 인공지능이 아이디어의 시각적 실현을 자동화하고 작품의 시각적 충실도를 높이는 등 많은 장점을 제공하지만, 작가들의 작품이 시간이 지남에 따라 점점 비슷해지는 문제점을 보이기 때문이다. 따라서 인공지능 프로그램의 사용이 일반화될수록 작품들은 서로 비슷해지고 그렇게 비슷하게 평범한 이미지들만 엄청난 양으로 늘어날 위험이 있다는 것도 확인되었다. 하지만 이러한 상황 역시 새로운 아이디어를 성공적으로 구축할 수 있는 작가에게서는 다른 결과를 나타냈다. 그러한 작가들이 인공지능 기술의 도움을 받을 때 의미 있는 작품을 만들 가능성은 높아지는 것으로 나타났기 때문이다. 따라서 그들의 결론은 다음과 같다.

> 인공지능을 활용한 예술 창작이 아이디어와 필터링에 의해 주도되는 이 현상을 우리는 '생성적 공감각'이라고 부릅니다. 이는 인간 탐구와 인공지능 활용이 조화를 이루어 새로운 창의적 작업 과정을 발견하는 것입니다. 이러한 패러다임 변화는 창작자들이 아이디어를 어떻게 표현하느냐보다는 어떤 아이디어를 표현하고 있는지에 집중할 수 있는 길을 열어 주며, 창의적 탐구를 위한 새로운 기회를 열어 줄 것입니다.(Zhou & Lee, 2024: 8)

즉 지금까지의 기술 매체가 다양한 예술적 시도를 성공적으로 이룰 수 있었듯이 인공지능 역시 아이디어를 잘 도출할 수 있는 작가에게는 새로운 기회가 될 수 있다는 것이다.

인간 스스로를 알게 하는 기술, 그리고 예술

타린 서던은 창작 과정에서 인공지능을 활용하는 문제에 대해 "인공지능의 산물은 영화의 러시 필름과 같다. 편집 과정을 거치지 않는다면 영화가 완성되지 않는다"라고 말한다. 즉 인공지능은 인간 예술가를 온전히 대체하거나 작품을 새롭게 선보이는 주체가 된다기보다 창작 과정에서 수행되어야 할 수많은 과정을 좀 더 빠르게 처리하고 많은 데이터에서 예술가가 미처 파악하지 못했던 지점을 보여 주는 등 조력자의 역할을 할 수 있는 기술이라고 볼 수 있다.

또한 인공지능 기술이 가져올 변화가 긍정적인 것만 있지는 않으리라는 사실에도 관심을 가져야 하는 것이 사실이다. 인공지능의 도래는 이미 제기되고 있는 저작권 문제, 기술 독점과 이로 인한 경제적 불평등의 심화 문제, 엄청난 데이터 처리를 위한 환경 문제뿐만 아니라 아직 우리가 예상하지 못하는 더 많은 문제를 함께 가져올 것이다. 그리고 이러한 문제에 대한 지적과 비판, 그에 대한 대안을 함께 모색해 나가는 것 역시 예술의 주요 역할이 될 수 있다. 히토 슈타이얼은 인공지능에 대한 사람들의 믿음과 완전함에 대한 기술적 신화를 비판하며 '인공 우둔함(Artificial Stupidity)'이라는 개념을 제시한 바 있다. 그는 기술이 우리의 문제를 근원적으로 해결할 것이라는 믿음이 얼마나 어리석고 위험할 수 있는지 지적한다. 하지만 작가는 〈소셜심〉 외에도 여러 인공지능 활용 작품을 제작한다. 특히 〈이것이 미래다(This is the Future)〉는 흥미롭다. 이 작품에는 감옥에서 키운 식물을 교도관들에게 모두 빼앗긴 한 쿠르드족 여성이 인공지능 기술을 이용해 식물들을 미래로 감추는 설정이 나

온다. 다시 말해 인공지능이 미래의 희망을 지키는 데 사용되는 것이다.

인공지능은 많은 매체 기술이 그랬듯이 인간에 대해 더 잘 알도록 해 줄 것이다. 인간은 기술을 사용함으로써 인간이 되었고 기술의 발전이 바로 인류의 발전이 되는 역사를 살았다. 그리고 그 모든 것은 예술을 통해 직간접적으로, 보다 풍요롭고 입체적으로 표현되고 그려졌다. 인공지능 예술은 이제 시작 단계에 있다. 앞으로 예술이 인공지능이라는 새로운 기술과 더불어 또 어떤 여정을 펼쳐 나가게 될지 궁금하다.

참고문헌

Zhou, E. & Lee, D.(2024). Generative artificial intelligence, human creativity, and art. *PNAS Nexus*, 3(3), https://academic.oup.com/pnasnexus/article/3/3/pgae052/7618478

최소영

홍익대학교 예술학과 강사로 있다. 홍익대학교 미학과에서 석사 학위와 박사 학위를 받았다. 매체미학을 전공했으며 사진, 영화, 디지털, 인공지능에 이르는 기술 매체와 이미지의 존재론적 특성, 기술과 지각의 상관관계 그리고 기술과 동시대 예술의 관계 등을 연구하고 있다. 주요 논문으로 "챗GPT 시대 인공지능 기술의 의미 연구"(2024), "가속화된 정체 – 블랙홀에서의 탈출: 가타리와 슈타이얼의 '포스트-미디어' 개념을 중심으로"(2023), "포스트 디지털 시대의 인공지능 예술 연구"(2022), "컴퓨터의 하드웨어 옹호를 통한 '사물'에 대한 사유"(2021) 등이 있으며 단행본으로 『인공지능과 예술』(2019, 공저), 『히토 슈타이얼』(2024)이 있다.